Karlchen Krabbelfix

Übungen für die Grundschule
Mit Spaß durch die 2. Klasse

Rechnen • Schreiben • Sachkunde

Text und Konzeption: Ulrike Pohlmann
Illustration: Axel Dissmann

Liebe Kinder und Eltern,

nach den großen Ferien klettern alle Schüler mit großen Erwartungen die letzten Stufen zum Klassenzimmer auf der großen Sonnenblume empor. Dort wartet bereits Karlchen Krabbelfix, der sich wieder viele interessante Sachen und Abenteuer überlegt hat.

Die Entdeckungsreise beginnt diesmal im Obst- und Gemüsegarten der Käferschule. Anschließend werden Steine einmal genauer unter die Lupe genommen. Auch führt Karlchen Krabbelfix seinen Schülern seine geliebten Magnetspiele vor und erklärt ihnen Magnetismus. In der Vorweihnachtszeit wird auch beim Nikolaus Station gemacht. Karlchen zeigt den Schülern, wie sie ihre Sinnesorgane prüfen können und zeigt ihnen im Frühling viele Frühlingsblumen. Auch Schwimmen und Sinken ist ein interessantes Thema. Zum Abschluss dürfen alle Schüler die Meerschweinchen im Schulgarten besuchen und füttern, dabei lernen sie viel Interessantes über diese kleinen Nagetiere.

In diesem Übungsheft für die Grundschule wird der Unterrichtsstoff der 2. Klasse fächerübergreifend bearbeitet. Das heißt, die Inhalte der Fächer Deutsch und Mathematik werden innerhalb eines sachkundlichen Oberthemas behandelt.

So kann Ihr Kind auf kindgerechte und spielerische Art und Weise den Unterrichtsstoff wiederholen und vertiefen. Darüber hinaus setzt es sich selbstständig mit neuen Sachverhalten auseinander und bearbeitet so die Rechtschreib- und Grammatikübungen sowie Rechenaufgaben mit größerer Motivation.

Viel Spaß wünschen euch
Ulrike Pohlmann und Axel Dissmann

ISBN 3-8212-2488-6

Am Hehsel 40, 22339 Hamburg
Text und Konzeption: Ulrike Pohlmann
Illustration: Axel Dissmann
Satz: waterkant, Hamburg
Printed in Italy

Inhaltsverzeichnis

Obst und Gemüse

Ordne die Wörter in die Tabelle ein. Schreibe alle Wörter mit Artikel auf.

Obst	Gemüse

Geheimschrift

Was bin ich?
Lies die Beschreibungen und überlege, um welches Obst oder Gemüse es sich handelt. Das Lösungswort muss in die Geheimschriftkästchen passen.
Achte auf die Ober- und Unterlängen.

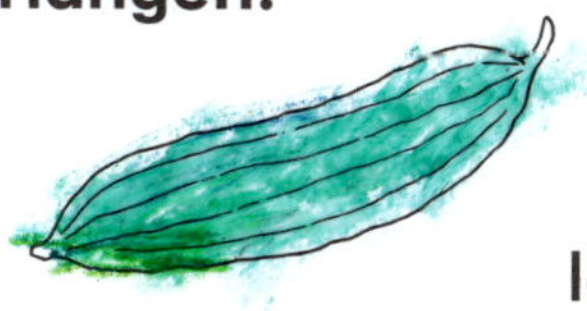

Ich bin saftig, glatt und rot.
Ich bin eine

Tomate

Ich bin saftig, sauer und gelb.
Ich bin eine

Zitrone

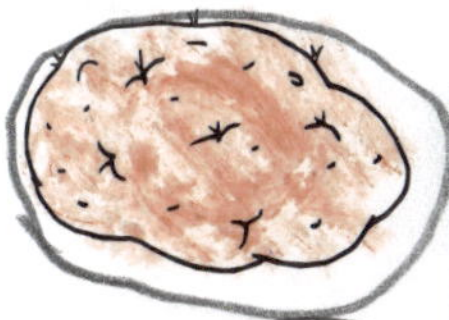

Ich bin fest, länglich und orange.
Ich bin eine

Karotte

Ich bin hart, oval und braun.
Ich bin eine

Kartoffel

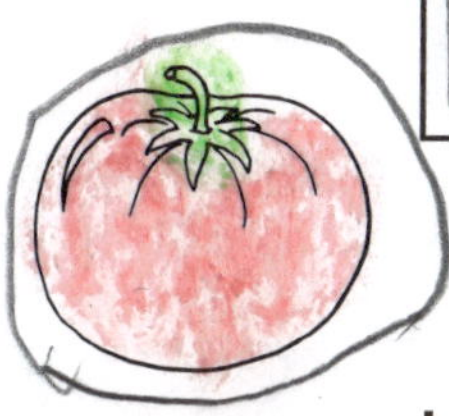

Ich bin klein, saftig und grün oder blau. Ich bin eine

Weintraube

Ich bin krumm, weich und gelb.
Ich bin eine

Banane

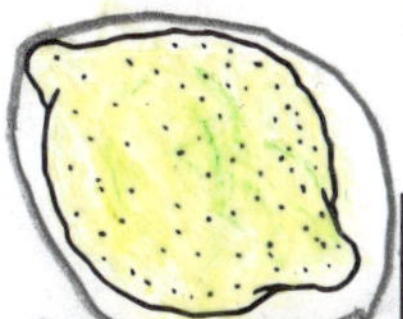

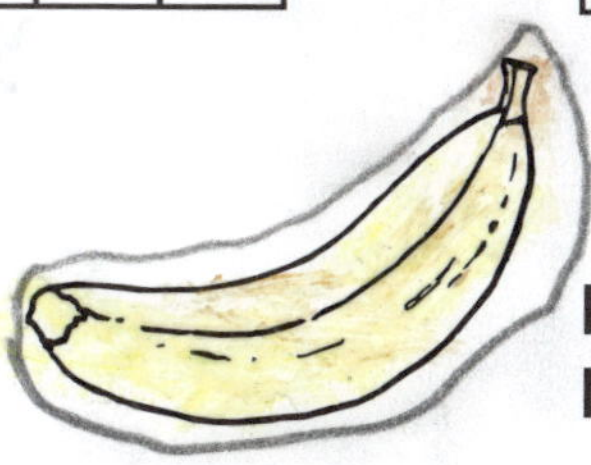

Ich bin saftig, lang und grün.
Ich bin eine

Ich bin saftig, süß, klein und rot.
Ich bin eine

Durch die Lupe geschaut

Schau dir die Bilder genau an.
Ordne jedem Lupenausschnitt das richtige Pflanzenbild zu, dann erhältst du für die Zahlen von 1 bis 6 jeweils einen Buchstaben. In der richtigen Reihenfolge ergeben die Buchstaben ein Lösungswort.

4. Mais

3. Kirsche

5. Erdbeere

1. Weintraube

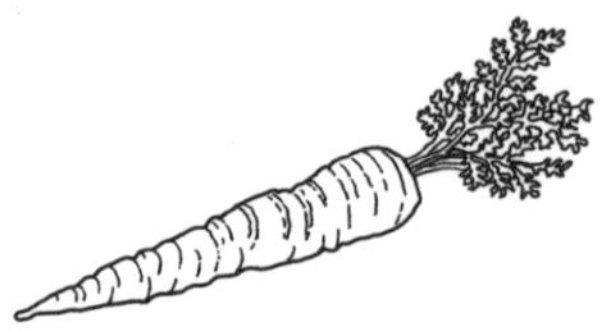

2. Karotte

6. Blumenkohl

Karlchen baut im Garten Obst und Gemüse an.
1 2 3 4 5 6

Obst-Puzzle

Obst oder Gemüse?

Trenne den unteren Teil der Seite mit den Bildkärtchen ab. Schneide die einzelnen Bildkärtchen vorsichtig aus. Löse die Aufgaben in den oberen Kästchen, indem du die Abbildung dem Begriff Obst oder Gemüse zuordnest. Lege die richtigen Ergebniskarten auf die passenden Felder der oberen Seitenhälfte. Klebe die Karten auf und male das Bild bunt an.

 Obst = 4 Gemüse = 8	 Obst = 6 Gemüse = 2	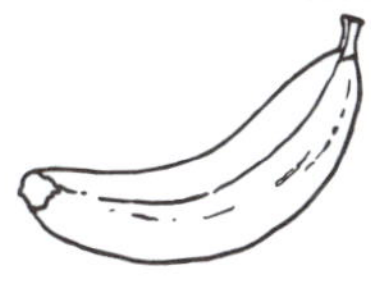 Obst = 11 Gemüse = 3	 Obst = 7 Gemüse = 1
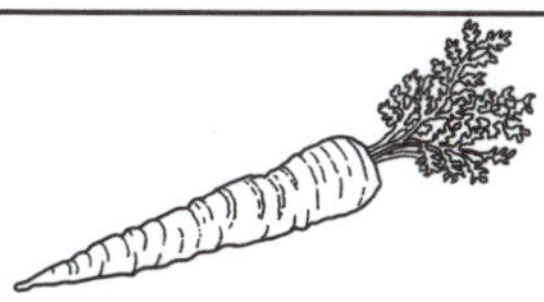 Obst = 2 Gemüse = 9	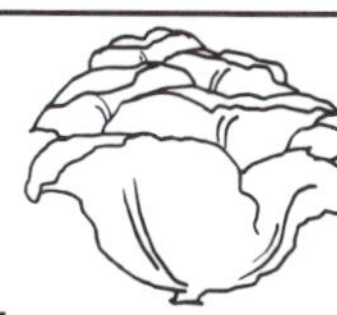 Obst = 4 Gemüse = 12	 Obst = 5 Gemüse = 11	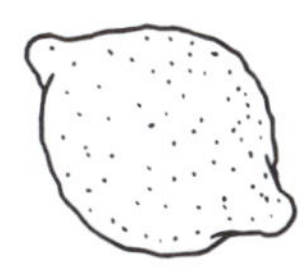 Obst = 8 Gemüse = 12
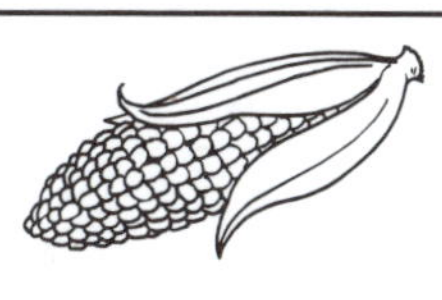 Obst = 1 Gemüse = 7	 Obst = 6 Gemüse = 10	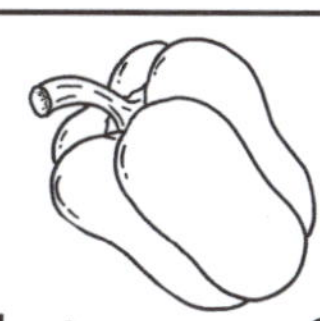 Obst = 9 Gemüse = 10	 Obst = 3 Gemüse = 5

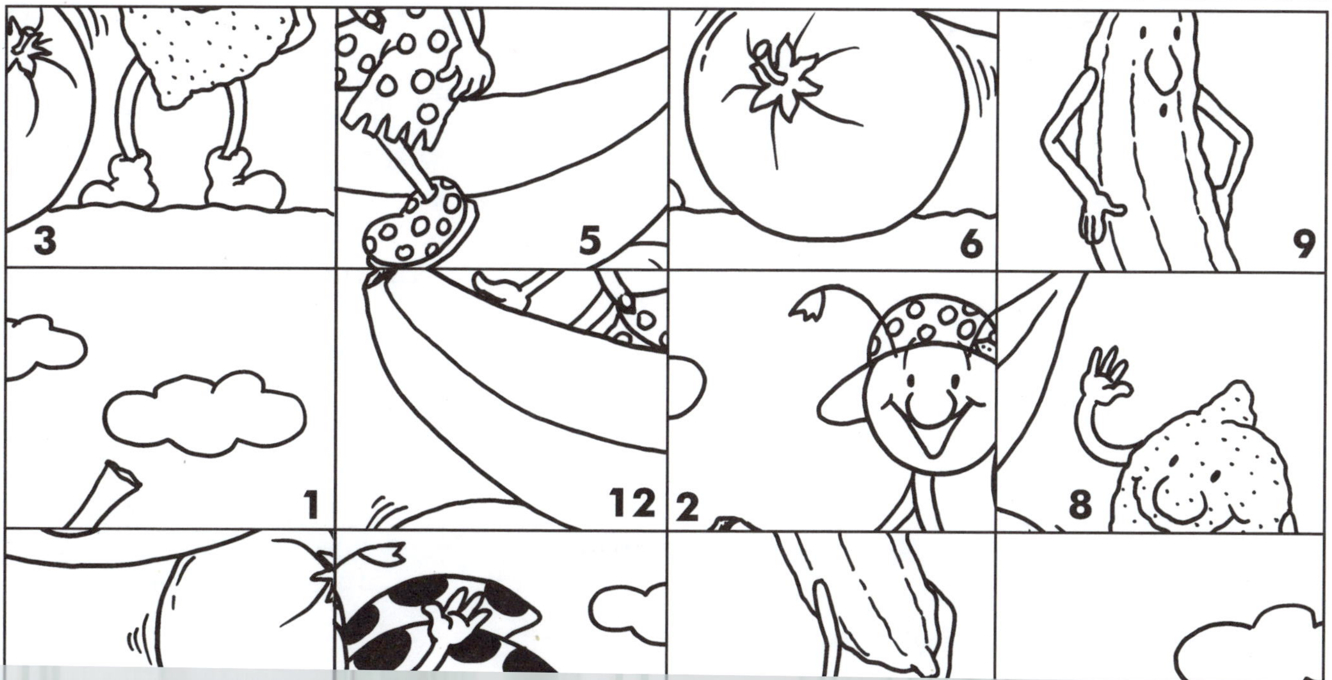

Zehnerzahlen bis 100

Trage die Zehnerzahlen ein.

10 – 20 – 30 – 40 – 50 – 60 – 70 – 80 – 90 – 100

100 – 90 – 80 – 70 – 60 – 50 – 40 – 30 – 20 – 10

Größer oder kleiner? (>, <)

2	<	4	7	<	8	1	<	3
20	<	40	70	<	80	10	<	30
6	<	7	5	<	9	8	>	3
60	<	70	50	<	90	80	>	30

50 + 20 = 70	80 – 50 = 30	20 + ___ = 60	90 – ___ = 40
40 + 30 = 70	90 – 20 = ___	30 + ___ = 40	40 – ___ = 10
20 + 60 = 80	70 – 50 = ___	60 + ___ = 90	70 – ___ = 30
30 + 70 = 100	40 – 10 = ___	40 + ___ = 70	60 – ___ = 20

Rechenrad: 100 (Mitte); –70, –20, –60, –90, –30, –10, –50, –80

+	20	30
70		
30		
60		

Rechenrad: 20 (Mitte); +10, +30, +10, +70, +40, +80, +50, +60

Zehner und Einer

Wieviele Zehner und Einer findest du hier?

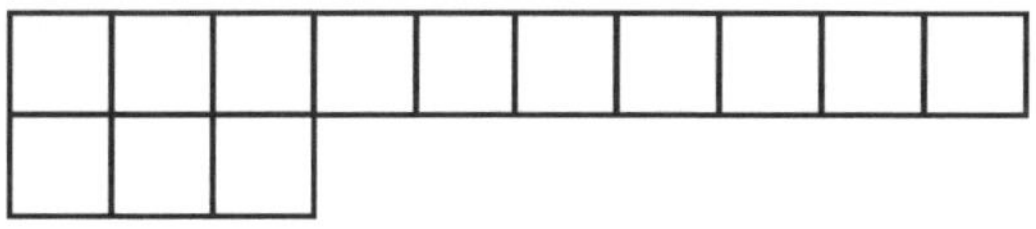

__ Z + __ E = __ __

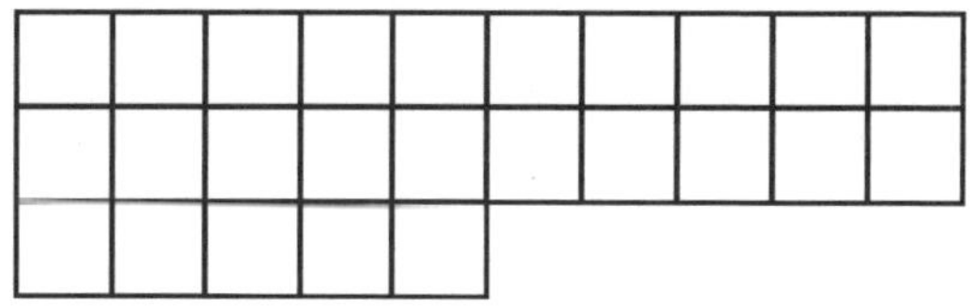

__ Z + __ E = __ __

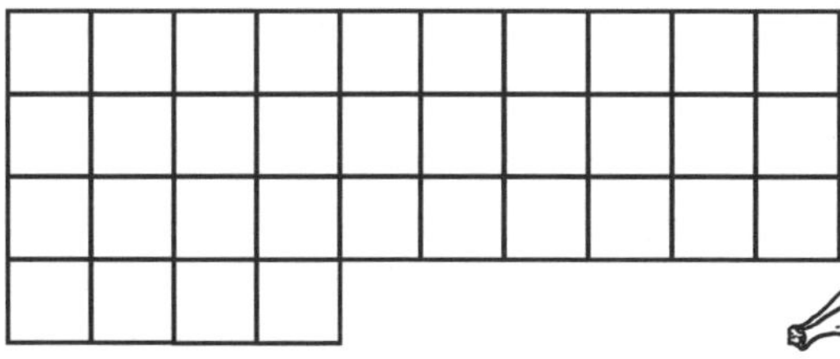

__ Z + __ E = __ __

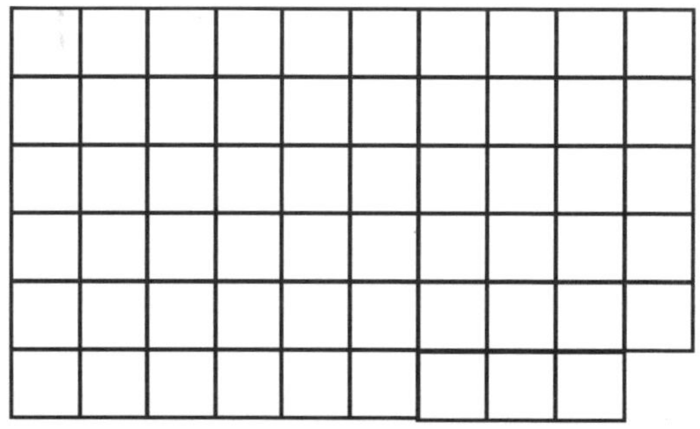

__ Z + __ E = __ __

Wie viele Zehner (Z = I) und wie viele Einer (E = •) zählst du?
Trage in die Kästchen ein! Wie heißt die Zahl?

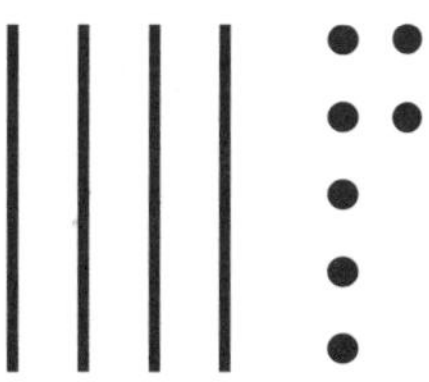

__ Z + __ E = __ __

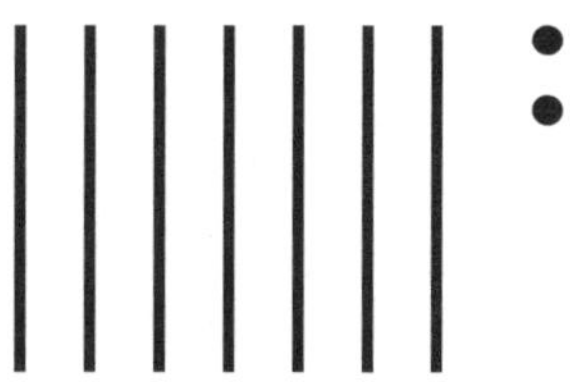

__ Z + __ E = __ __

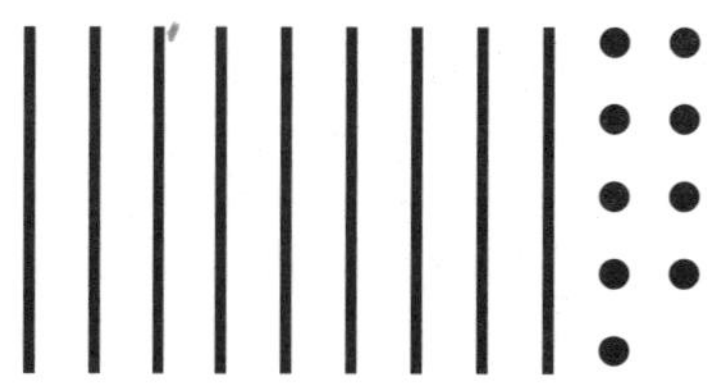

__ Z + __ E = __ __

Zeichne Zehner und Einer zu den angegebenen Zahlen!

2 7 = __ Z + __ E

6 2 = __ Z + __ E

4 4 = __ Z + __ E

Obst- und Gemüse-Suchsel

Karlchen kocht eine Gemüsesuppe und Tina macht einen Obstsalat.
Finde heraus, wer welche Zutaten verwendet.
Suche die Obst- und Gemüsewörter und kreise sie mit Buntstift ein.

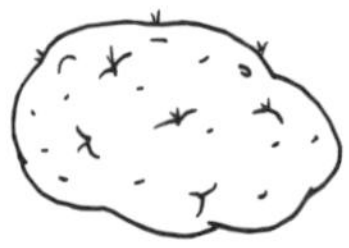

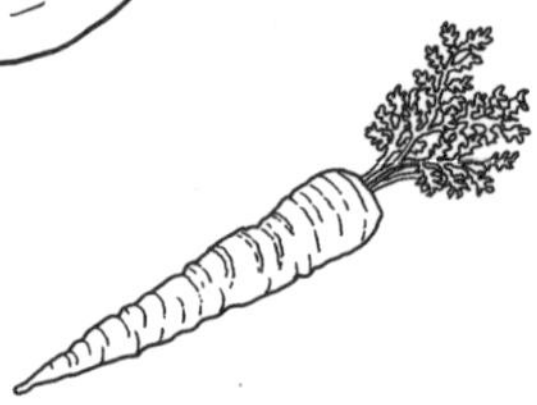

K	C	P	A	P	R	I	K	A	W	S	E
I	B	R	E	E	F	U	D	P	T	B	R
R	L	R	A	K	S	N	W	F	L	A	D
S	U	Z	I	T	R	O	N	E	L	N	B
C	M	L	Q	E	L	B	Z	L	J	A	E
H	E	T	T	A	S	W	W	G	N	N	E
E	N	F	R	F	E	B	I	R	N	E	R
O	K	A	R	O	T	T	E	T	D	A	E
T	O	M	A	T	E	B	B	M	R	O	S
U	H	S	M	E	N	K	E	J	Y	D	F
E	L	R	U	U	Q	F	L	G	F	P	A
K	A	R	T	O	F	F	E	L	Y	D	F

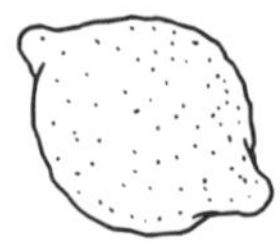

Tina braucht:

Karote

Karlchen braucht:

Zwibel

Finde die Unterschiede

Schau dir die beiden Bilder ganz genau an.
Beim unteren Bild sind dem Maler beim Abmalen des oberen Bildes 7 Fehler passiert. Kreise die Fehler im unteren Bild ein.

Schreiben

Die Steine

Karlchen hat seine Steinesammlung mit in die Schule gebracht. Die Kinder sind begeistert. „Ich habe auch eine", ruft Ottilie. „Und ich habe am Strand tolle Steine gesammelt", schreit Oskar.

Lies die Schlangenwörter genau. Schreibe die Sätze richtig auf.
Beachte: Satzanfänge und Namenwörter schreibt man groß.

1. KARLCHEN | ERKLÄRT, DASDIEGANZEERDEAUSSTEINENBESTEHT.

2. ALLESAUFDERWELT,AUSSERTIEREN,PFLANZEN,WASSERUNDLUFT,ISTAUSGESTEIN.

3. SEHRKLEINESTEINESINDSAND.GRÖSSERESTEINENENNTMANKIESELODERFELS.

4. ESGIBTVIELESTEINARTEN.SIE HABENALLEUNTERSCHIEDLICHEFARBEN.

5. „MEINLIEBLINGSSTEINISTDERKNALLROTERUBIN,EINEDELSTEIN", SAGTOTTILIE.

Wortarten

Schau dir die Wörter genau an.
Male alle Namenwörter blau, alle Tuwörter rot und alle Wiewörter grün an.

Ordne die Wörter in die Tabelle ein.
Schreibe die Namenwörter mit ihrem Begleiter auf.

	Namenwörter	Tuwörter	Wiewörter
1.		suchen	
2.		bewundern	
3.			
4.			
5.			

Wie entstehen Steine?

Steine, die du beim Spaziergang in einem Bachbett oder am Strand findest, sind nicht als lose Stücke entstanden; sie gehörten ursprünglich zu den Gebirgen. Über viele Millionen Jahre waren diese Gebirge Hitze, Kälte, Wasser, Wind und Eis ausgesetzt. Dadurch kann Gestein sich verändern, es wird bröckelig, bricht ab und wird von Wasser und Wind fortgetragen.

Lies die folgenden Texte und ordne jedem Text das passende Bild zu.
Trage die Lösungsbuchstaben richtig ein, dann erhältst du einen Lösungssatz.

1. Große Steine werden als Geröll in Flüssen zum Meer transportiert und auf dem Weg dorthin im Wasser des Flusses zerkleinert und glatt geschliffen. So ein kleiner Kieselstein, den du am Strand findest, hat also einen sehr weiten Weg hinter sich.

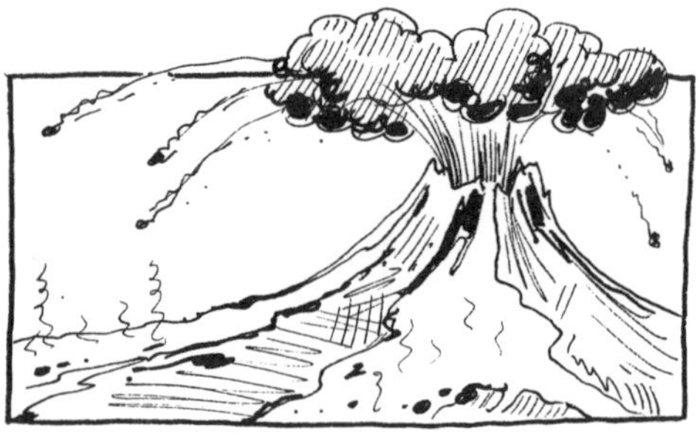

ein

2. Andere Steine entstehen bei einem Vulkanausbruch. Heiße, flüssige Gesteinsmasse, die Lava, wird aus dem Inneren der Erde herausgeschleudert. Außerhalb der Erde kühlt die Lava ab und wird zu sehr hartem Gestein.

it

3. Werden Steine durch die Einwirkung von Wasser immer weiter aneinander gestoßen und zerkleinert, entsteht irgendwann Sand. Also auch der Sand am Strand und in der Sandkiste gehörte mal zu den großen Gebirgen.

St

4. Steine entstehen auch dadurch, dass lockere Gesteinsschichten in der Erde zusammengepresst werden. Sandstein ist also mit starken Kräften zusammengepresster Sand.

ze

In der _ _ _ _ _ _ _ _ _ _ _ benutzten die Menschen Waffen aus Stein.

Kristalle selber herstellen

Gesteine sind aus Mineralien zusammengesetzt. Nur wenige Steine bestehen aus nur einem Mineral, die meisten sind aus mehreren Mineralien zusammengesetzt.
Tief im Inneren der Erde ist es sehr heiß, dort findet man Gesteine und Mineralien im geschmolzenen Zustand, das Magma. Die Form und Größe der Mineralkristalle hängt davon ab, wie schnell das Magma abkühlt. Bei Vulkanausbrüchen kühlt es schnell ab, deshalb enthält erkaltete Lava kaum Mineralkristalle. Je langsamer das Magma abkühlt, desto mehr mineralkristallisches Gestein entsteht.
Hast du Lust, Mineralkristalle selber herzustellen und sie wachsen zu sehen?

Du brauchst:
- ein Glas
- Wasser
- etwa 20 Gramm Alaun
- oder Zucker oder Salz
- Löffel
- ein Wollfaden

Fülle ein kleines Glas mit warmem Wasser, nun schüttest du unter kräftigem Rühren nach und nach das Alaun in das Wasser.

Rühre so lange, bis sich kein Alaun mehr auflösen lässt. Gieße die Flüssigkeit nun in eine flache Glasschale und warte, bis das Wasser abkühlt und langsam verdunstet. Nach und nach bilden sich nun wunderschöne Kristalle.

Du kannst diesen Versuch auch mit Salz und Zucker machen.
Dann kannst du beobachten, wie sich Salz und Zuckerkristalle bilden.

Die Hundertertafel

1					6				10
	12					17			
			24						
31									
								49	
		53							
									80
							88		
				95					

Hier siehst du Ausschnitte aus der Hundertertafel. Trage die fehlenden Zahlen ein.

42		
52		

			47

	76	

		5	

3			
		25	

66			

	38		

Trage die Ergebnisse ein.

1 Z + 3 E = ___	32 = ___ Z + ___ E	achtunddreißig = ___
7 Z + 7 E = ___	98 = ___ Z + ___ E	zweiundneunzig = ___
5 Z + 6 E = ___	25 = ___ Z + ___ E	fünfundachtzig = ___
3 Z + 8 E = ___	86 = ___ Z + ___ E	sechsundzwanzig = ___
0 Z + 5 E = ___	70 = ___ Z + ___ E	achtundsiebzig = ___

Zahlen bis 100

Größer oder kleiner (>, <)?

23 □ 22	33 □ 22	11 □ 21	39 □ 36
37 □ 73	65 □ 56	53 □ 35	97 □ 91
82 □ 78	24 □ 42	87 □ 78	39 □ 69
91 □ 99	99 □ 100	16 □ 61	84 □ 64

Vorgänger und Nachfolger (z.B. | 36 | 37 | 38 |)
Trage die fehlenden Zahlen ein.

	17			24			48				67
	71				89	95				68	
	44				100		89				14

Nachbarzehner! (z.B. | 20 | 27 | 30 |)
Trage die fehlenden Zehnerzahlen ein.

	24			76			44			92			78	
	32			65			16			84				

Ordne die Zahlen. Beginne mit der kleinsten Zahl.

34 83 62 35 47 52 97							
34 38 4 31 74 40 94							
75 20 59 99 84 78 88							

Edelsteinsuchsel

Suche zehn Edelsteinnamen im Suchsel und kreise sie bunt ein.

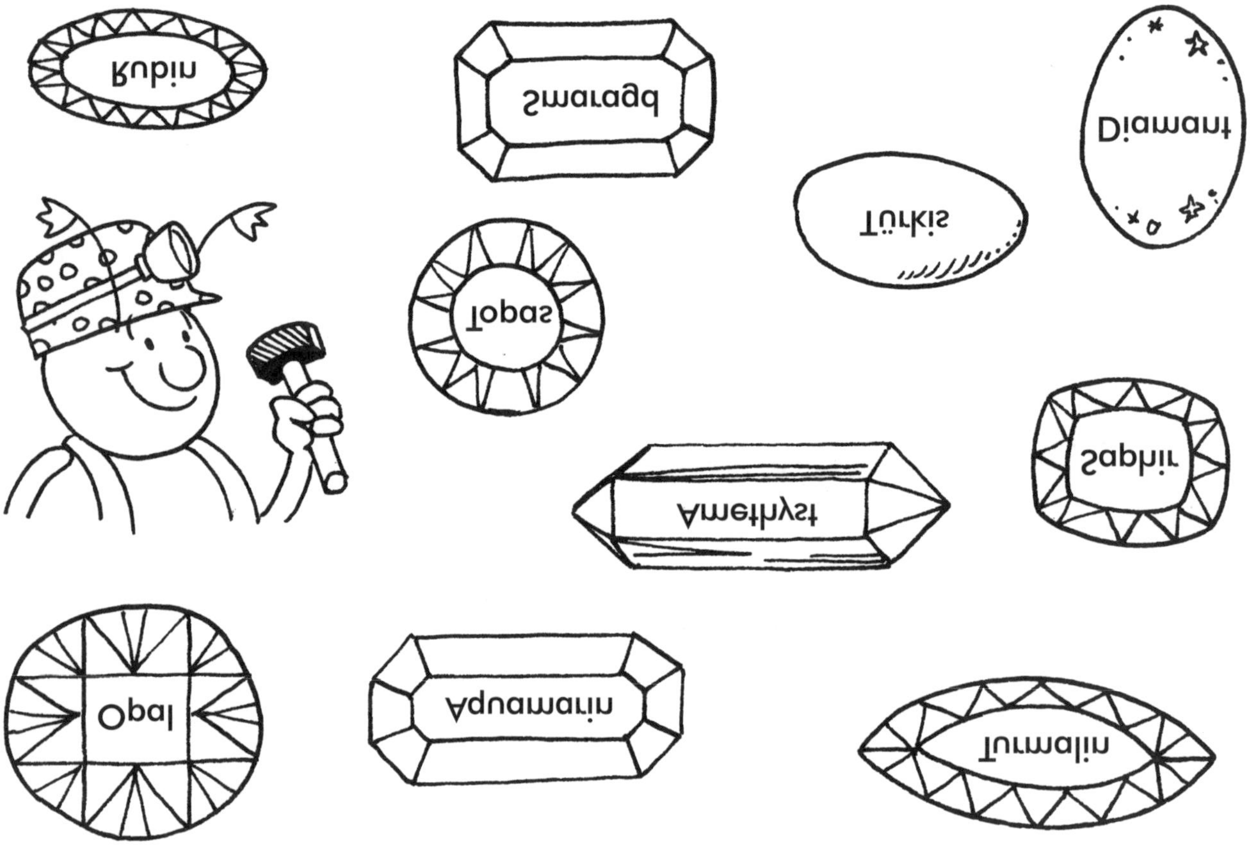

W	C	R	B	S	S	I	D	N	W	S	Z
A	Q	U	A	M	A	R	I	N	T	R	N
M	E	B	A	K	P	N	A	T	L	S	E
E	X	I	R	K	H	H	M	I	L	M	T
T	I	N	Q	E	I	B	A	O	J	A	I
H	E	T	U	A	R	W	N	G	N	R	E
Y	E	F	R	F	E	E	T	O	P	A	S
S	G	T	L	H	G	E	O	P	D	G	R
T	I	L	I	S	L	B	Y	A	R	D	S
U	F	S	T	U	R	M	A	L	I	N	F
E	T	Ü	R	K	I	S	U	G	F	P	A
X	K	S	P	N	N	K	R	W	Y	D	F

Steinfresser-Spiel

Du brauchst:
- viele kleine Steine oder Kieselsteine
- eine Wäscheklammer für jeden Mitspieler
- einen Würfel

Male deine Wäscheklammer bunt an. Male ihr ein paar wachsame Augen. Ein gefräßiges Maul hat sie ja schon. Schau jetzt genau hin, und du kannst den kleinen Steinefresser genau erkennen.

Der Haufen mit den Steinen liegt in der Mitte.
Er muss von allen Mitspielern gut erreicht werden können.

Jeder Mitspieler bekommt einen kleinen Steinfresser (eine Wäscheklammer).

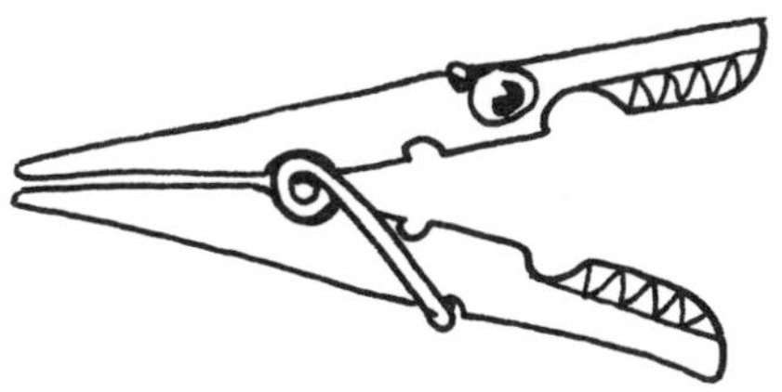

Es wird reihum gewürfelt. Jeder, der eine 1 gewürfelt hat, versucht mit seinem Steinfresser so viele Steine wie möglich aufzufressen.
Während er frisst, würfeln die anderen Mitspieler weiter. Sobald ein anderer Mitspieler eine 1 würfelt, ist dieser mit Steinefressen dran.

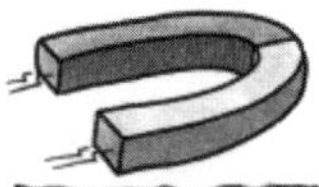

Magnetismus

Lies den Text genau und schreibe ihn richtig auf. Beachte die Satzanfänge. Nach einem Punkt wird groß geschrieben. Namenwörter (Nomen) musst du groß schreiben.

karlchen zeigt seinen schülern einen magneten.
es ist ein hufeisenmagnet.
der magnet hat zwei enden, die pole.
der nordpol ist meistens rot und der südpol meistens grün.
mit einem magnet kannst du tolle spiele basteln.
karlchen lässt gerne magnetboote schwimmen.
tina liebt das angelspiel.

Ordne die Wörter nach dem ABC. Schreibe sie in der richtigen Reihenfolge auf.

O Magnet

O Pol

O Südpol

O Nordpol

Zusammengesetzte Namenwörter

Es gibt verschiedene Magneten. Finde heraus, welche.
Bilde zusammengesetzte Namenwörter mit dem Wort Magnet.
Zusammengesetzte Namenwörter setzen sich aus einem Bestimmungswort und einem Grundwort zusammen. Das Bestimmungswort erklärt das Grundwort genauer. Der Begleiter richtet sich nach dem Grundwort.

Beispielsweise: **der Stab** (Bestimmungswort) **+ der Magnet** (Grundwort) **= der Stabmagnet**

der Magnet (Bestimmungswort) **+ das Spiel** (Grundwort) **= das Magnetspiel**

der Magnet

die Form

der Stab

die Tafel

der Ring

das Spiel

der Bügel

der Pol

das Hufeisen

die Kraft

die Scheiben

der Stabmagnet

das Magnetspiel

Magnetformen

Es gibt verschiedene Magnetformen. Schau dir die abgebildeten Magneten an und überlege, wie sie heißen. Die Geheimschrift hilft dir dabei, den richtigen Namen für jeden Magneten zu finden. Es gibt Stabmagnete, Bügelmagnete, Ringmagnete, Hufeisenmagnete und Scheibenmagnete. Achtung, auf dieser Seite findest du zwei verschiedene Stabmagnete!

Welche Dinge zieht ein Magnet an?

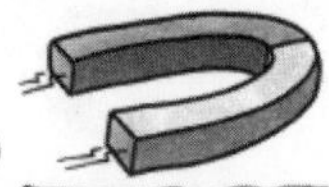

Sachkunde

Überlege, welche Dinge ein Magnet anzieht. Trage deine Vermutungen in die Tabelle ein. Hole dir nun einen Magneten und probiere aus, welche Dinge ein Magnet anzieht. Trage deine Ergebnisse in die Tabelle ein und male alle Dinge grün an, die magnetisch sind.

Dinge / Sachen		Vermutung		Versuch	
		magnetisch	nicht magnetisch	magnetisch	nicht magnetisch
Stein		☐	☐	☐	☐
Wäscheklammer	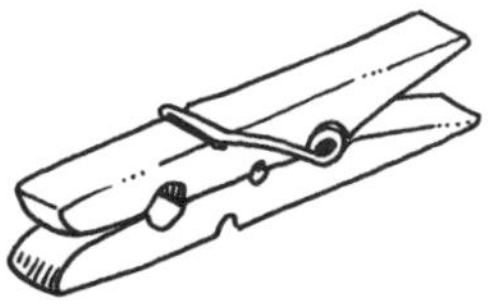	☐	☐	☐	☐
Korken	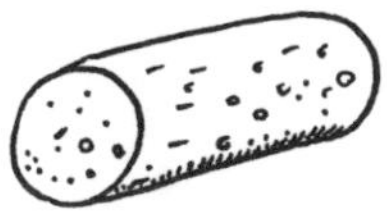	☐	☐	☐	☐
Anspitzer		☐	☐	☐	☐
Radiergummi		☐	☐	☐	☐
Kamm	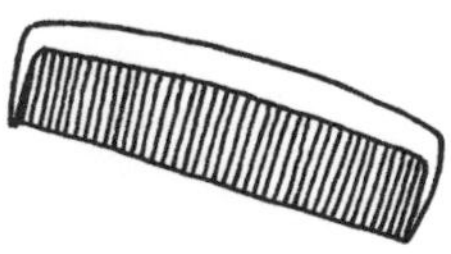	☐	☐	☐	☐
Schraube		☐	☐	☐	☐
Wolle		☐	☐	☐	☐
Blatt		☐	☐	☐	☐
Büroklammer	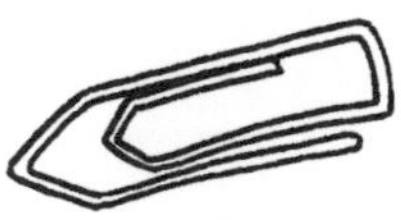	☐	☐	☐	☐

Zehnerzahlen +/- Einerzahlen

Wie heißt der nächste Zehner? Ergänze.

48 + □ = □	15 + □ = □	38 + □ = □
69 + □ = □	49 + □ = □	52 + □ = □
23 + □ = □	66 + □ = □	95 + □ = □
51 + □ = □	73 + □ = □	27 + □ = □
88 + □ = □	91 + □ = □	55 + □ = □

Rechne!

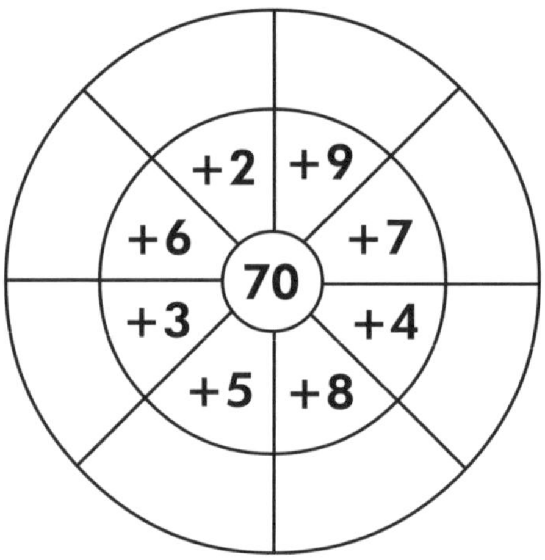

+	3	7	9
40			
60			
80			

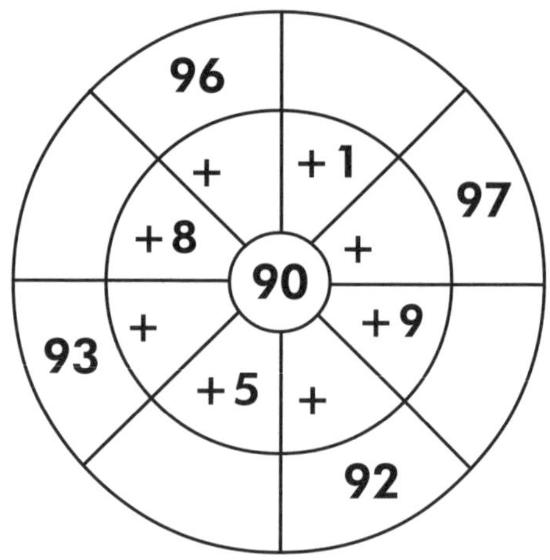

Nimm vom Zehner weg!

30 – 5 = □□	80 – 2 = □□	90 – 6 = □□	60 – 7 = □□
40 – 4 = □□	20 – 1 = □□	60 – 9 = □□	80 – 7 = □□
70 – 2 = □□	50 – 4 = □□	30 – 3 = □□	40 – 7 = □□

Subtrahiere vom vollen Zehner.

–8	
40	
90	
60	
70	
20	

–4	
80	
30	
50	
40	
70	

Rechenbild /Aufgaben ohne Zehnerübergang

Rechnen

Rechne die Aufgaben aus.
Male die Felder mit der zum Ergebnis passenden Farbe an.

orange	= 19	braun	= 65	weiß	= 28
rot	= 25	pink	= 74	hellrosa	= 81
blau	= 36	hellgrün	= 88	türkis	= 99
gelb	= 42	dunkelgrün	= 100	schwarz	= 32
				grau	= 76

Plusaufgaben mit Zehnerübergang

Rechne immer erst bis zum nächsten Zehner.

32 — 1 | 8

40

32 + 8 + 1 = 41

32 + 9 = __

26 — 4 | 3

__ + __ + __ = __

__ + __ = __

45 — 3 | 5

__ + __ + __ = __

__ + __ = __

78 — 5 | 2

__ + __ + __ = __

__ + __ = __

77 — 4 | 3

__ + __ + __ = __

__ + __ = __

83 — 2 | 7

__ + __ + __ = __

__ + __ = __

56 — 2 | 4

__ + __ + __ = __

__ + __ = __

61 — 9 | 2

__ + __ + __ = __

__ + __ = __

64 → +8 → __ ; 64 → +6 → 70 → +2 → __

62 → +9 → __ ; 62 → +8 → __ → + __ → __

58 → +5 → __ ; 58 → +2 → 60 → + __ → __

66 → +7 → __ ; 66 → + __ → __ → + __ → __

44 → +9 → __ ; 44 → + __ → __ → + __ → __

Plusaufgaben mit Zehnerübergang

Rechne!

74 —(+7)→ ☐☐ ; 74 —(+☐)→ ☐☐ —(+☐)→ ☐☐

89 —(+6)→ ☐☐ ; 89 —(+☐)→ ☐☐ —(+☐)→ ☐☐

47 —(+9)→ ☐☐ ; 47 —(+☐)→ ☐☐ —(+☐)→ ☐☐

Rechne in zwei Schritten, zuerst bis zum nächsten Zehner und dann den Rest.

68 + 5 = 73
68 + 2 = 70
70 + 3 = 73

38 + 7 = ☐☐
38 + 2 = ☐☐
☐☐ + ☐ = ☐☐

55 + 8 = ☐☐
☐☐ + ☐ = ☐☐
☐☐ + ☐ = ☐☐

47 + 9 = ☐☐
47 + ☐ = ☐☐
☐☐ + ☐ = ☐☐

65 + 8 = ☐☐
☐☐ + ☐ = ☐☐
☐☐ + ☐ = ☐☐

74 + 8 = ☐☐
☐☐ + ☐ = ☐☐
☐☐ + ☐ = ☐☐

29 + 6 = ☐☐
☐☐ + ☐ = ☐☐
☐☐ + ☐ = ☐☐

87 + 7 = ☐☐
☐☐ + ☐ = ☐☐
☐☐ + ☐ = ☐☐

86 + 6 = ☐☐
☐☐ + ☐ = ☐☐
☐☐ + ☐ = ☐☐

+8

23	+7	+1	
37			
48			
75			
84			
69			

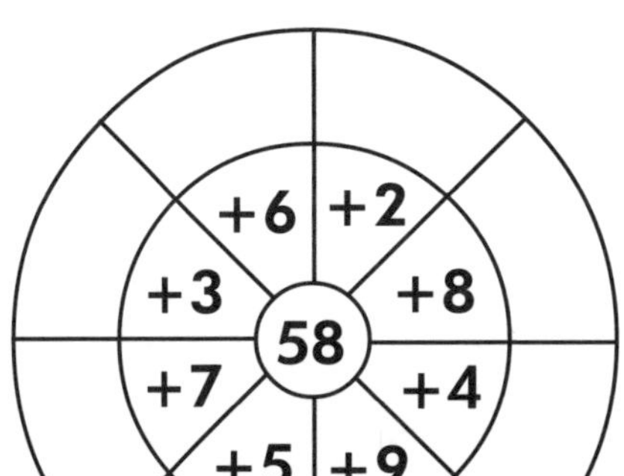

Karlchens Magnetboote

Eines von Karlchens Lieblingsspielen ist die Magnetboote-Regatta. Dafür musst du dir ein Magnet-Segelboot bauen.

Du brauchst:

- buntes Papier
- Schere
- Zahnstocher
- Korken
- Büroklammern
- ein langes Lineal
- Klebeband
- Magnet
- eine flache Schüssel
- Holzblöcke

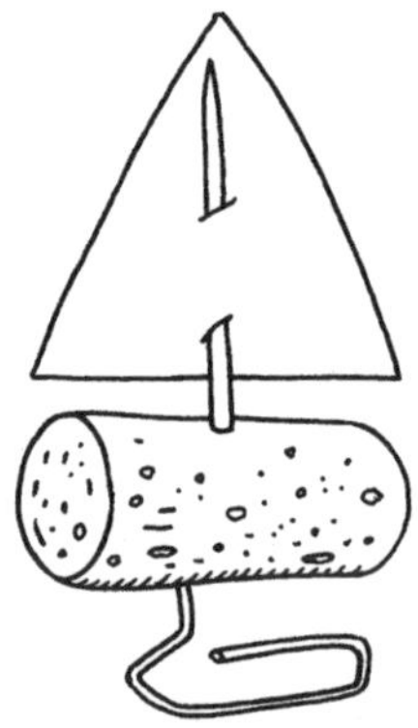

Schneide dir aus buntem Papier ein Segel aus. Befestige das Segel wie in der Abbildung mit dem Zahnstocher an deinem Korkenboot.

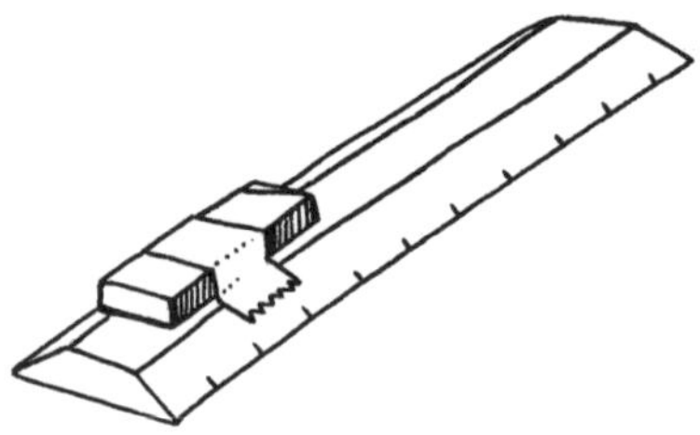

Jetzt braucht dein Segelboot noch ein Schwert, damit es nicht umkippt. Dafür biegst du einen Teil der Büroklammer auseinander und stichst das eine Ende dieses Drahtes in den Boden deines Korkenbootes.

Mit dem Klebeband befestigst du den Magneten an einem Ende deines langen Lineals.

Nun stellst du die flache Schüssel auf die Holzblöcke und füllst sie mit Wasser. Das Wasser sollte nur so tief sein, dass das Schwert des Bootes nicht den Boden berührt.

Jetzt kannst du mit dem Magnetlineal unter dem Boden der Schüssel das Segelboot im Wasser steuern. Denn das Schwert des Segelbootes wird von dem Magneten angezogen.

Suche dir einen Freund oder eine Freundin, der/die mitmacht, dann könnt ihr richtige Segelregatten fahren, so wie Karlchen und Tina.

Suchbild

Schau dir dieses Bild ganz genau an. Du kannst Karlchen in seiner Werkstatt beobachten. Er überlegt sich Experimente für seine Schüler, aber einige Sachen stimmen einfach nicht. **Finde acht Fehler und kreise sie ein.**

Der Nikolaus

Zusammengesetzte Namenwörter setzen sich aus einem Bestimmungswort und einem Grundwort zusammen. Das Bestimmungswort erklärt das Grundwort genauer. Der Begleiter richtet sich immer nach dem Grundwort.

z.B.: der Nikolaus + der Abend = der Nikolausabend

Bestimmungswort Grundwort

Bilde zusammengesetzte Namenwörter mit dem Wort Nikolaus.

Tuwörter

Karlchen staunt, was seine Schüler in der Weihnachtszeit so alles machen und wie sie sich verkleiden.

Immer zwei Verben gehören zusammen. Kreise sie mit der gleichen Farbe ein.

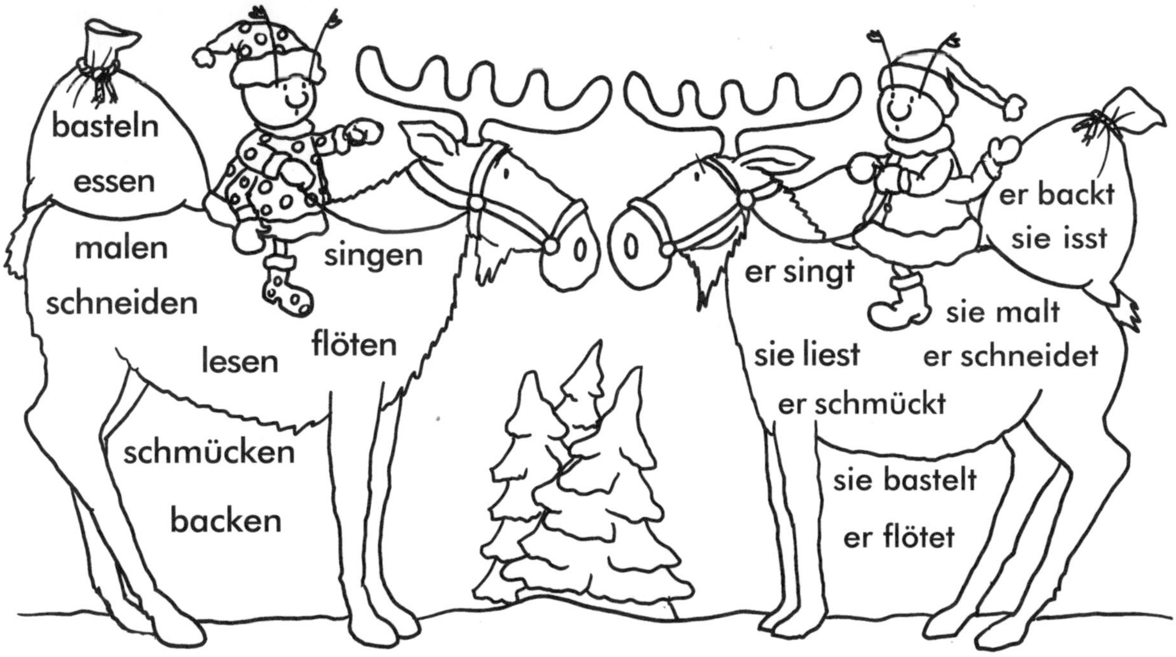

Schreibe die Wortpaare auf: schneiden – er schneidet

ABC-Puzzle

Trenne den unteren Teil der Seite mit den Bilderkästchen ab. Schneide die einzelnen Bildkärtchen vorsichtig aus. In jedem der oberen Kästchen stehen drei Wörter. Ordne sie nach dem ABC. Welches Wort kommt zuerst? Lege die Karte mit der richtigen Lösung auf das passende Feld der oberen Seitenhälfte. Male das fertige Bild bunt an.

Stern (3) Stiefel (1) Stutenkerl (2)	Engel (2) Eltern (4) Esel (6)	Schokolade (1) Sack (5) Spielsachen (7)
Lied (7) Licht (9) Lebkuchen (2)	Nikolaus (9) Nuss (8) Nudel (6)	Marzipan (3) Mandel (1) Mantel (4)
Kran (7) Kerze (5) Kalender (6)	Glocke (9) Geschenk (3) Gedicht (8)	Zapfen (7) Zwerg (2) Zimt (4)

Schüttelwörter

Schau dir die Nikolausstiefel genau an.
Welche Sachen haben sich in ihnen versteckt? Schreibe die Wörter auf.
Achtung: Namenwörter haben einen großen Anfangsbuchstaben.

s u N s

e K r z e

a r K n z

g E l n e

r S t e n

e E s l

f S i e e t l

c l k G o e

k a S c

l o u a k s N i

n a a n b e T n e u m

p M r i a a z n

Was passt nicht zu Weihnachten?

Betrachte das Bild ganz genau. Irgendetwas stimmt hier nicht. Finde die zehn Dinge, die nicht zu Weihnachten passen. Wie viele Engel haben sich im Bild versteckt? Kreise sie ein.

Gewürzigel basteln

Karlchen Krabbelfix mag an der Weihnachtszeit besonders gerne, dass es überall so herrlich riecht und duftet. Deshalb gibt es in der Käferschule jetzt auch überall kleine orange Gewürzigel. Sie sehen wirklich sehr süß aus und duften und duften und duften. Möchtest du auch so einen kleinen duftenden Freund haben?

Für den Gewürzigel suchst du dir eine Mandarine aus. Außerdem brauchst du noch viele ganze Gewürznelken und den Milchdosenöffner.

Nun musst du überlegen, wo der Igel seine Nelkenstacheln tragen soll und wo seine Augen und seine Nase sitzen sollen. Mit dem Milchdosenöffner pikst du die Löcher für die Nelken in die Mandarine. Anschließend steckst du die ganzen Nelken in die vorgepiksten Löcher. Nach einigen Stunden beginnt der Gewürzigel wunderbar zu duften.

Minusaufgaben mit Zehnerübergang

Rechne immer erst bis zum nächsten Zehner.

34 (3 | 4)

30

34 − 4 − 3 = 27

34 − 7 = □□

54 (4 | 2)

□□ − □ − □ = □□

□□ − □ = □□

66 (3 | 6)

□□ − □ − □ = □□

□□ − □ = □□

51 (6 | 1)

□□ − □ − □ = □□

□□ − □ = □□

48 (8 | 1)

□□ − □ − □ = □□

□□ − □ = □□

65 (5 | 4)

□□ − □ − □ = □□

□□ − □ = □□

96 (3 | 6)

□□ − □ − □ = □□

□□ − □ = □□

72 (6 | 2)

□□ − □ − □ = □□

□□ − □ = □□

68 —(− 9)→ □□
68 —(− 8)→ 60 —(− 1)→ □□

55 —(− 7)→ □□
55 —(− 5)→ □□ —(− □)→ □□

43 —(− 6)→ □□
43 —(− 3)→ □□ —(− □)→ □□

74 —(− 8)→ □□
74 —(− □)→ □□ —(− □)→ □□

23 —(− 5)→ □□
23 —(− □)→ □□ —(− □)→ □□

Rechenbild

Löse die Aufgaben und male die Felder in der richtigen Farbe an.

blau	= 16	weiß	= 10	orange	= 12
grau	= 11	braun	= 14	hellbraun	= 19
gelb	= 15	rot	= 17	schwarz	= 20
grün	= 9	rosa	= 7	hellgelb	= 18

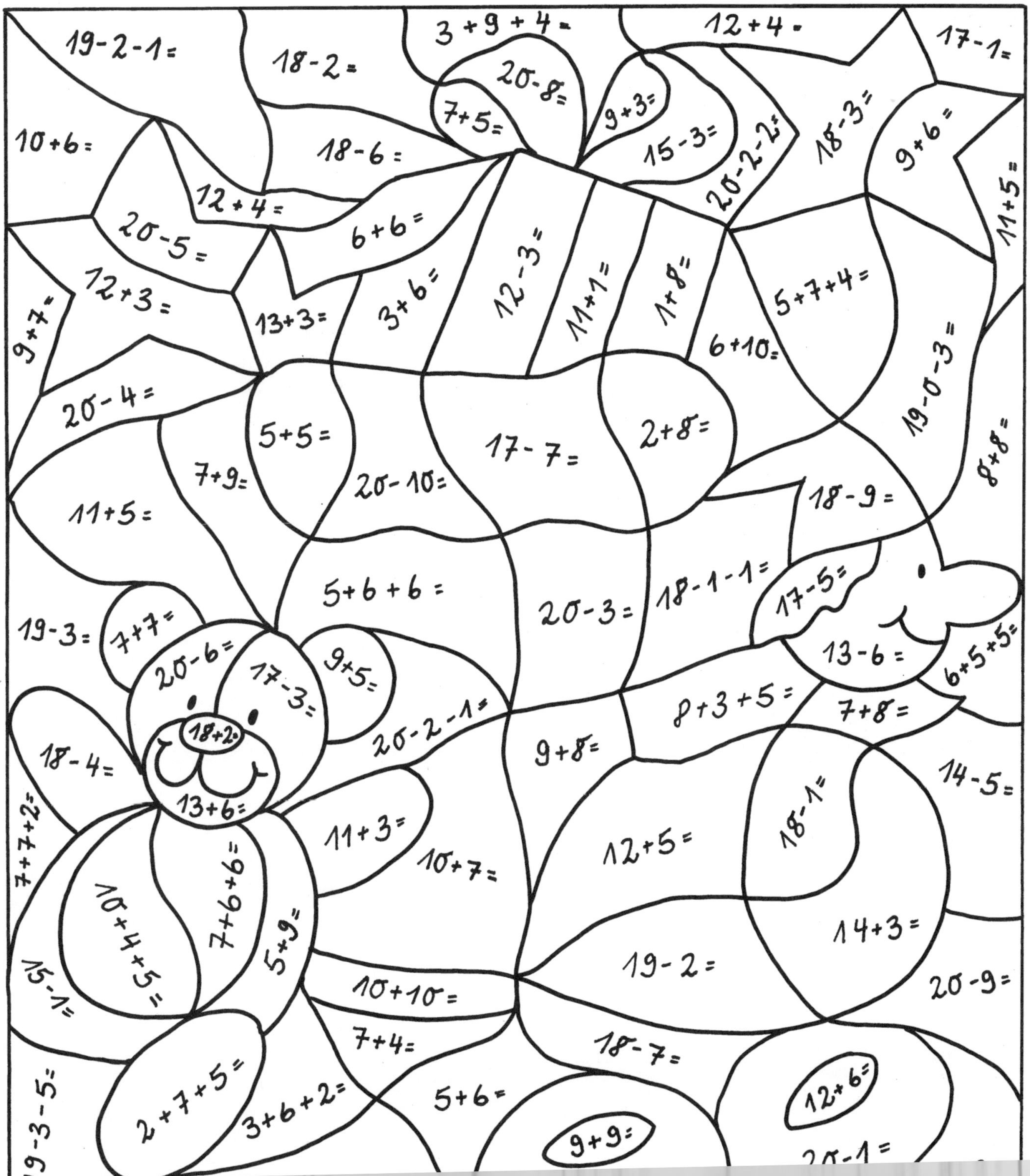

Nikolaus-Kreuzworträtsel

Wie heißen die Sachen?
Löse die Rätsel und male ein Bild des jeweiligen Lösungswortes in das Kästchen.

2. 

1.
2.
3.
4.
5.

 3.

 4.

 5.

 1.

Lösungswort: ______________________

2. 

1.
2.
3.
4.
5.

5. 

1. 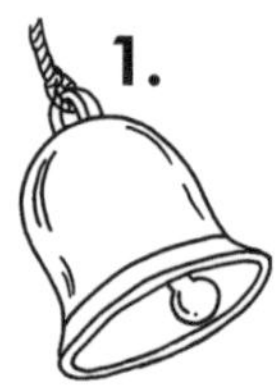

4. 

3. 

Lösungswort: ______________________

Male das Mandala bunt an.

Die Sinnesorgane

Lies die Schlangenwörter genau. Schreibe die Sätze richtig auf.

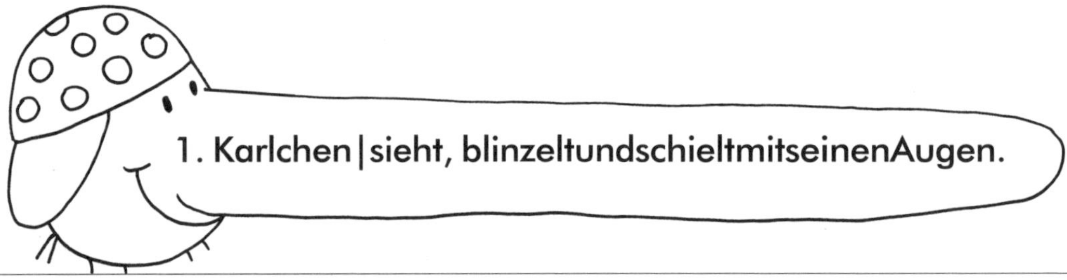

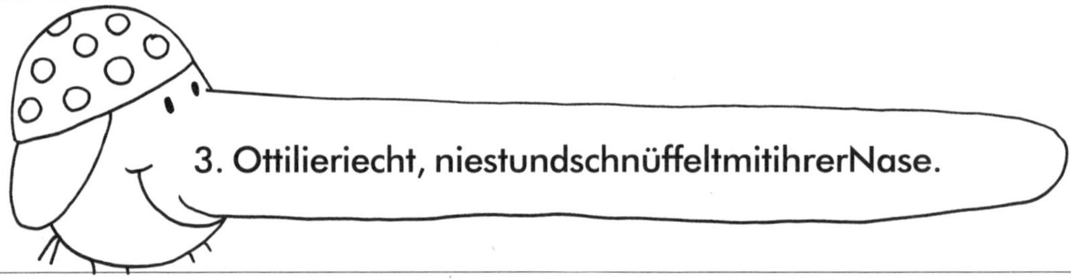

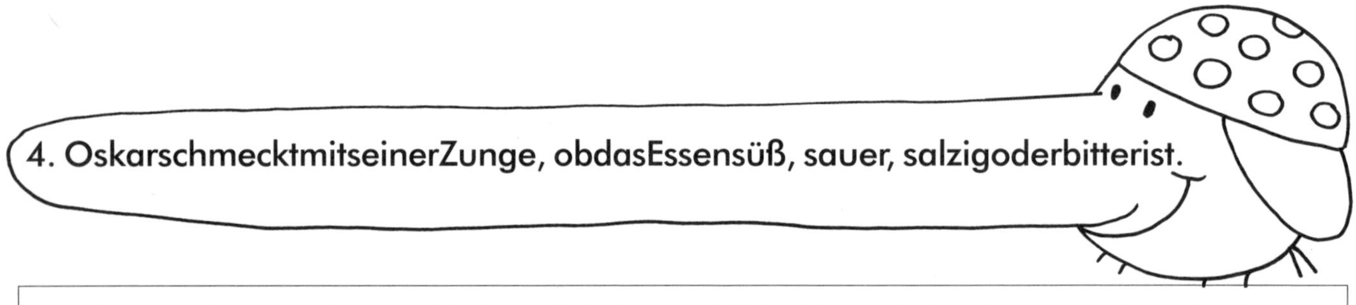

Tuwörter

Das Auge ist ein sehr wichtiges Sinnesorgan.
Was kannst du alles mit dem Auge tun?
Male die Felder mit den passenden Tuwörtern (Verben) rot an.

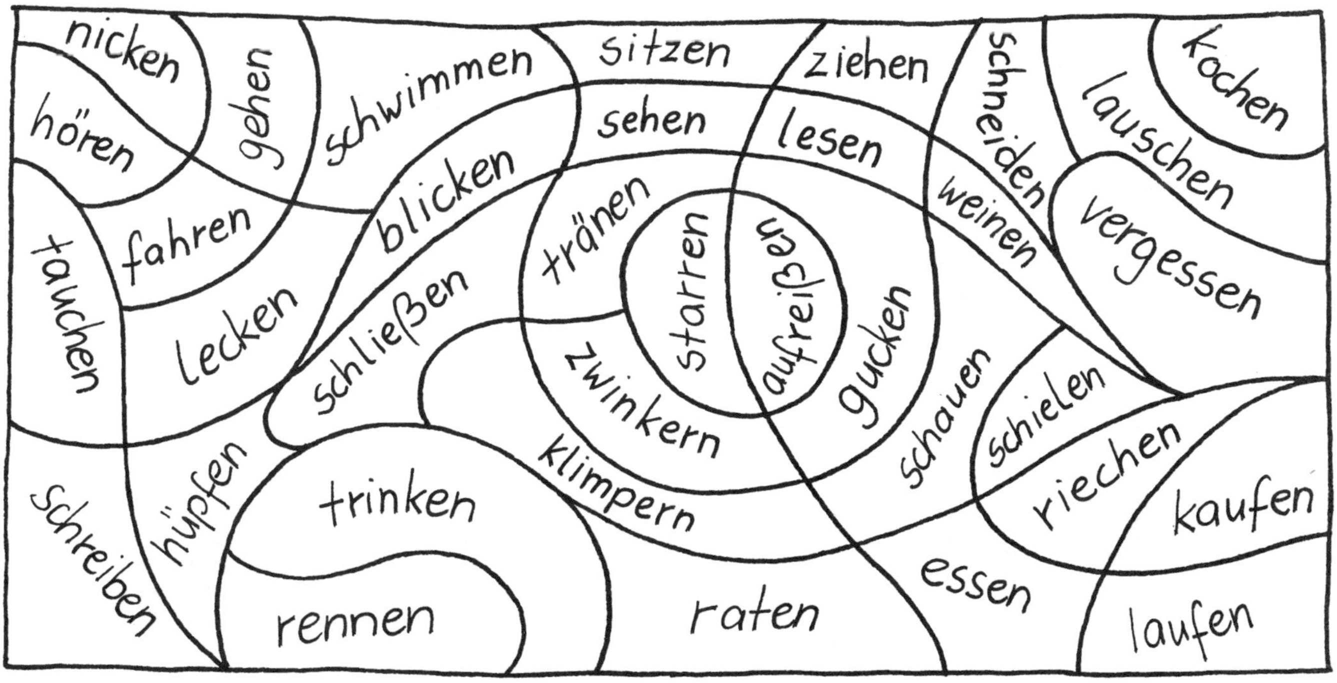

Suche dir sechs Wörter aus. Bilde mit jedem Wort einen Satz,
z.B.: Ich kann mit dem Auge sehen.

Was ist das?

Schau dir die Tabelle an, es sind verschiedene Gegenstände abgebildet. Besorge dir diese Gegenstände und probiere aus, wie du sie erkennen kannst. Kannst du sie sehen, riechen, fühlen, hören oder schmecken? Kreuze an, mit welchen Sinnen du die Gegenstände erkennen kannst.

	ich rieche	ich sehe	ich fühle	ich höre	ich schmecke

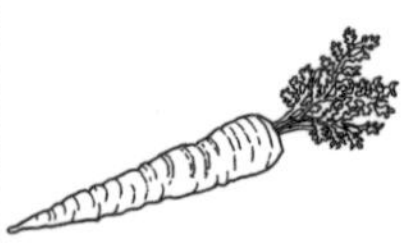					

Riechen und Schmecken

Riechen und Schmecken gehören zusammen!
Das eine ohne das andere funktioniert nicht richtig. Stimmt das?
Suche dir einen Freund oder Mitschüler. Besorgt euch einen Apfel, eine Gurke, eine Kartoffel und einen Kohlrabi. Schneidet alles in kleine, gleich große Stücke.

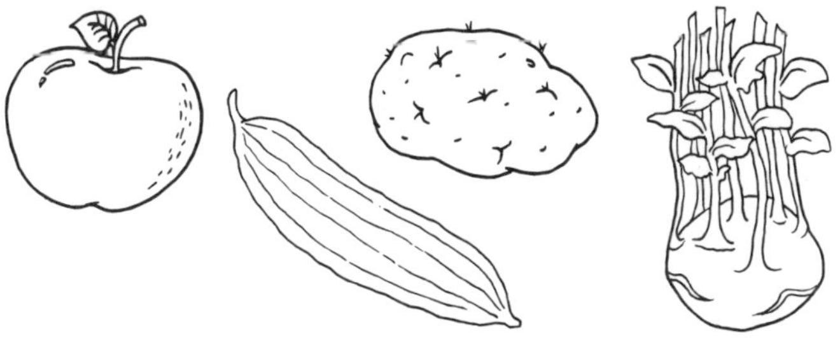

Einer von euch verbindet sich die Augen und hält sich die Nase zu. Der andere wählt die Reihenfolge der zu probierenden Obst- und Gemüsewürfel. Könnt ihr die Obst- und Gemüsesorten richtig erkennen?

Derjenige, der die Reihenfolge der Früchte auswählt, schreibt sie in das erste Kästchen. In das zweite Kästchen trägt er ein, welche Frucht geraten worden ist.

–

–

–

–

Was passiert, wenn ihr die Nase nicht mehr zuhaltet?

Plus- und Malaufgaben

Schau dir die Bilder genau an. Bearbeite die Aufgaben wie im Beispiel.

2 + 2 + 2 = □

3 · 2 = □

2 + 2 + 2 + 2 + 2 = □

□ · 2 = □

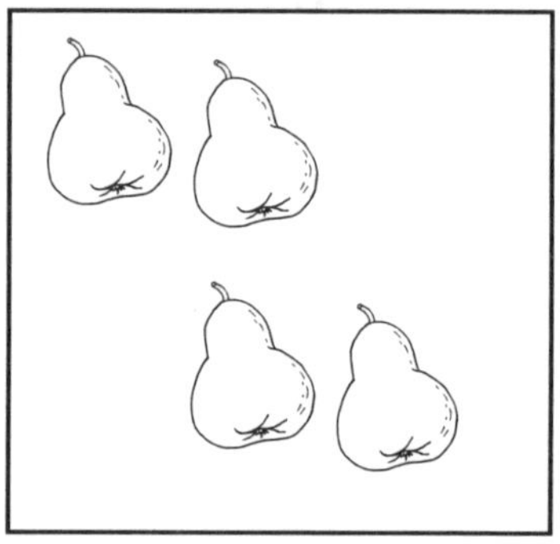

□ + □ = □

□ · □ = □

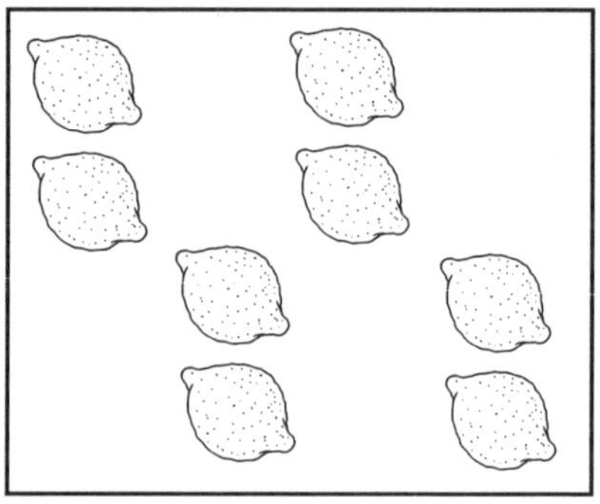

□ + □ + □ + □ = □

□ · □ = □

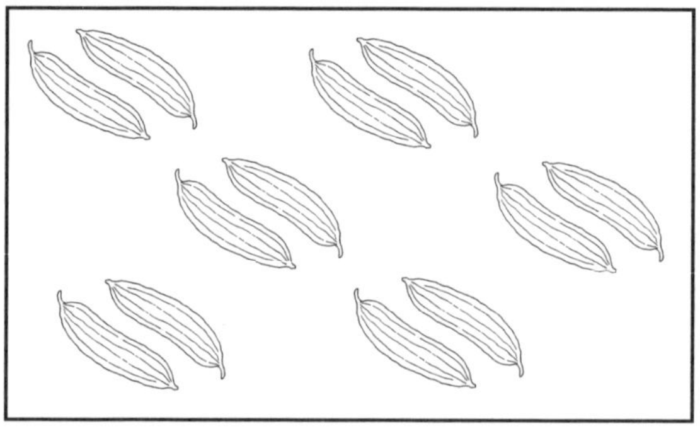

□ + □ + □ + □ + □ + □ = □

□ · □ = □

Verbinde jede Plusaufgabe mit der passenden Malaufgabe.

Plusaufgaben
2+2+2+2+2+2
4+4+4+4+4
8+8+8+8
5+5+5
9+9
7+7+7+7+7+7+7
3+3+3+3+3+3+3+3+3+3

Malaufgaben
2•9
4•8
6•2
10•3
5•4
3•5
7•7

Einmaleins mit 2, 5 und 10

Löse die Aufgaben und male die Aufgaben mit denselben Ergebnissen bunt an. Was fällt dir auf?

· 2	
1	
2	
3	
4	
5	
6	
7	
8	
9	
10	

· 10	
1	
2	
3	
4	
5	
6	
7	
8	
9	
10	

· 5	
1	
2	
3	
4	
5	
6	
7	
8	
9	
10	

Löse die folgenden Aufgaben und finde das Lösungswort. Trage dafür die Buchstaben hinter den Ergebnissen ein.

1. 3 · 5 = 15 S
2. 5 · 5 = ☐ ☐
3. 10 · 5 = ☐ ☐
4. 5 · 10 = ☐ ☐
5. 9 · 5 = ☐ ☐
6. 5 · 3 = ☐ ☐
7. 1 · 5 = ☐ ☐
8. 8 · 5 = ☐ ☐
9. 6 · 5 = ☐ ☐
10. 7 · 5 = ☐ ☐
11. 10 · 5 = ☐ ☐
12. 5 · 9 = ☐ ☐

50 = N

45 = E

35 = A

5 = O

15 = S

30 = G

25 = I

40 = R

Nase, Ohren, Augen, Mund und Haut sind die fünf

Einmaleins mit 3 und 4

Trage die Einmaleinsreihen der 3er- und 4er-Reihe ein.

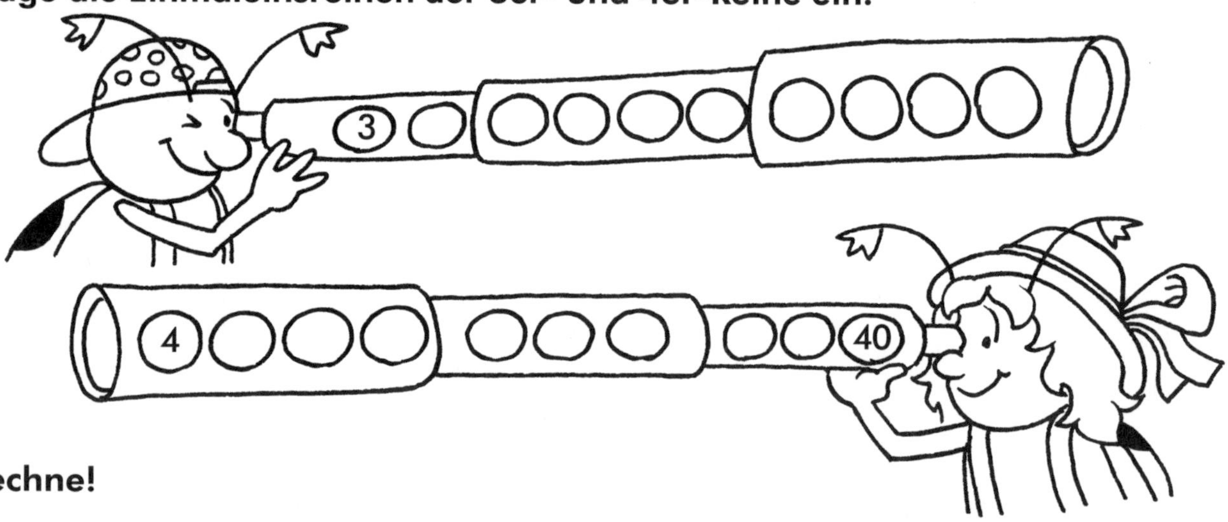

Rechne!

Kreise die Zahlen der 3er-Reihe ein.

3 24 30
63 6 15
9 40 25
21 12
18 27

$6 \cdot 3 =$ ☐☐

$4 \cdot 4 =$ ☐☐

$2 \cdot 3 =$ ☐☐

$5 \cdot 4 =$ ☐☐

$9 \cdot 3 =$ ☐☐

$3 \cdot 4 =$ ☐☐

$7 \cdot 3 =$ ☐☐

$10 \cdot 4 =$ ☐☐

Kreise die Zahlen der 4er-Reihe ein.

4 90 16
12
8 36
30
32
24
40 21
28 20 60

Löse die Aufgabe und finde die passende Tauschaufgabe.

$3 \cdot 2 =$ ☐☐
$2 \cdot 3 =$ ☐☐

5 · 4 = ☐☐
☐ · ☐ = ☐☐

7 · 3 = ☐☐
☐ · ☐ = ☐☐

2 · 4 = ☐☐
☐ · ☐ = ☐☐

4 · 3 = ☐☐
☐ · ☐ = ☐☐

8 · 4 = ☐☐
☐ · ☐ = ☐☐

9 · 3 = ☐☐
☐ · ☐ = ☐☐

6 · 4 = ☐☐
☐ · ☐ = ☐☐

8 · 3 = ☐☐
☐ · ☐ = ☐☐

Einmaleins mit 6 und 9

Kreise alle Zahlen der 6er-Reihe grün und alle Zahlen der 9er-Reihe blau ein.

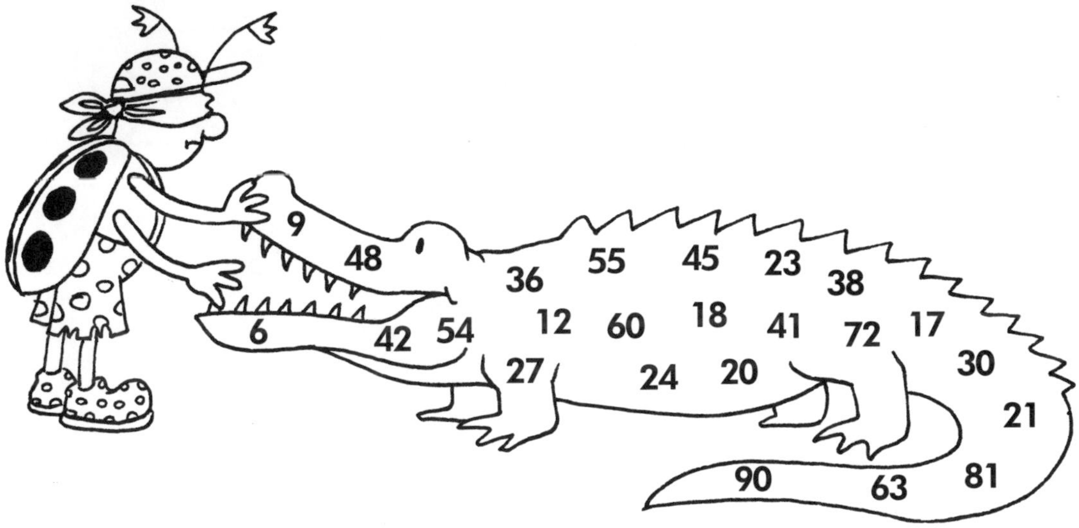

Welche Zahlen hast du zweimal eingekreist? ______________________

Rechne!

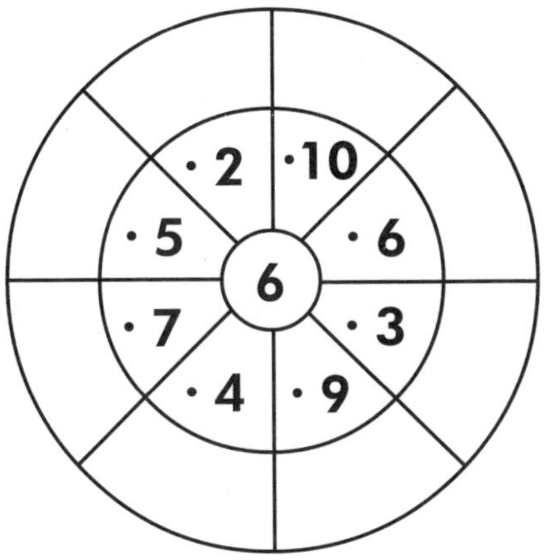

6 · 6 =

4 · 9 =

2 · 6 =

5 · 9 =

9 · 6 =

3 · 9 =

7 · 6 =

10 · 9 =

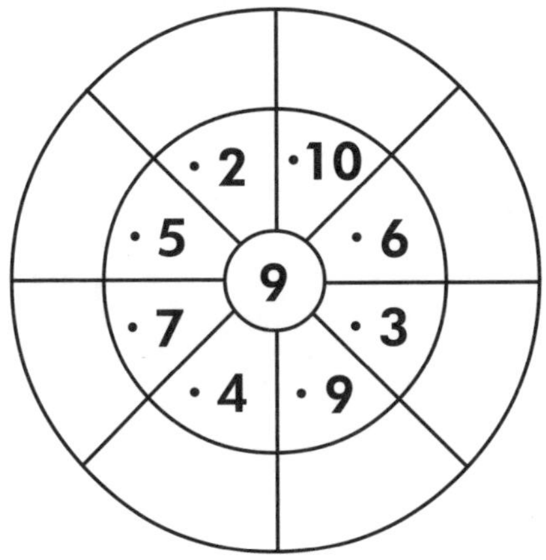

Setze die Zahlreihen fort.

6, 12, 18,

30, 36, 42,

9, 18, 27,

45, 54, 63,

54, 48, 42,

42, 36, 30,

81, 72, 63,

54, 45, 36,

Wie gut kann ich sehen?

Jedes Jahr zu Beginn des Schuljahres wird in der Käferschule ein Sehtest durchgeführt. Alle Käferkinder müssen an diesem Test teilnehmen. Auf dieser Seite siehst du viele verschiedene Zeichen, die immer kleiner werden.

Schau sie dir erst einmal ganz genau an. Stelle die Seite etwas entfernt von dir auf, um zu sehen, wie viele Zeichen du jetzt noch erkennen kannst.

Finde die Unterschiede

Schau dir die beiden Bilder ganz genau an.
Bei dem unteren Bild sind dem Maler 7 Fehler passiert.
Kreise die Fehler im unteren Bild ein.

Die Frühlingsblumen

Schau dir dieses herrliche Frühlingsblumenbeet an.
Schreibe die Einzahl-Namenwörter mit ihrem Artikel (Begleiter) auf.
Bilde zu jedem Namenwort die Mehrzahl
und schreibe sie mit Artikel (Begleiter) auf.

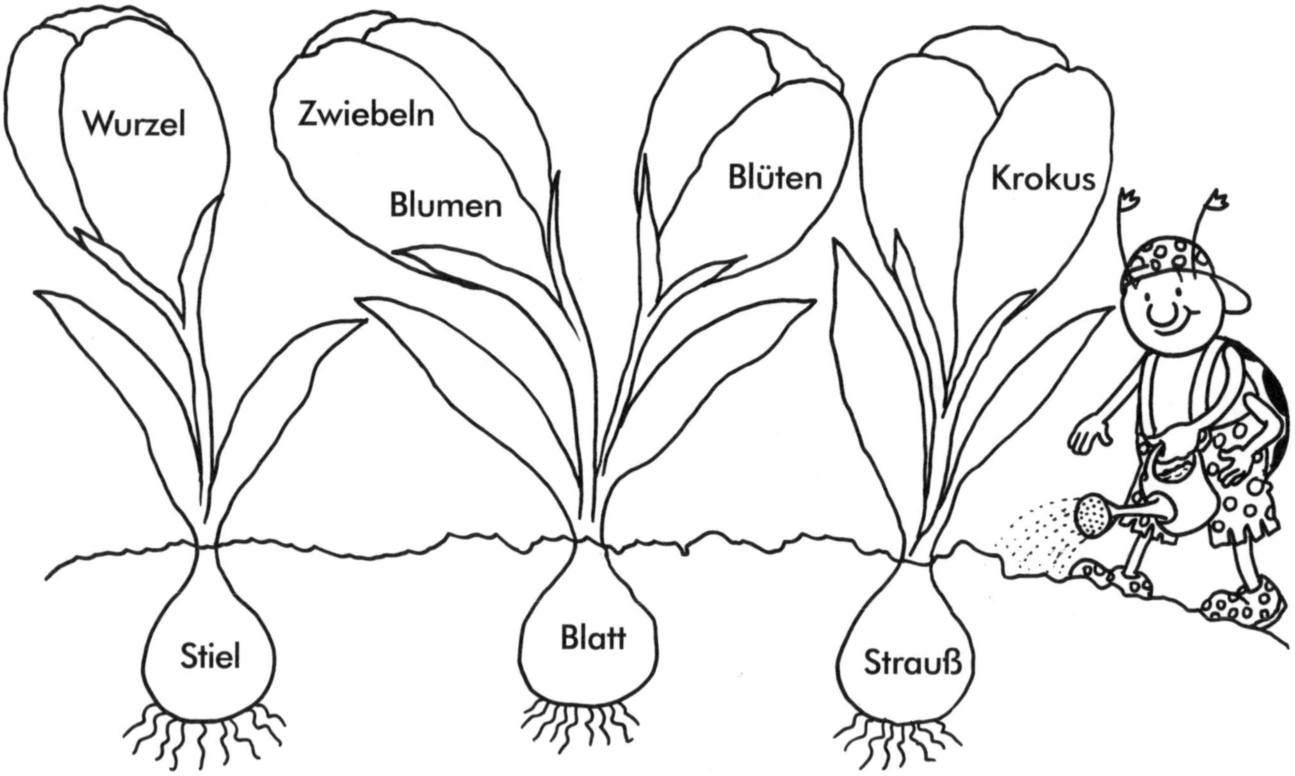

Einzahl (Singular)	Mehrzahl (Plural)
die Wurzel	die

Schüttelwörter

Schau dir die Blumen-Schüttelwörter genau an.
Male die Namenwörter blau, die Tuwörter rot und die Wiewörter grün an.

Satzzeichen

Fragezeichen (?), Ausrufezeichen (!) und Punkt (.) sind Satzzeichen.

Nach dem Fragesatz steht ein Fragezeichen (?), z.B.: Hat die Tulpe Füße?
Nach einem Ausrufesatz steht ein Ausrufezeichen (!), z.B.: Karlchen, sei still!
Am Ende eines Aussagesatzes steht ein Punkt (.), z.B.: Die Blume ist schön.

Male das jeweils richtige Satzzeichen bunt an:

1. Ist der Krokus eine Frühlingsblume ! ? .
2. Es gibt über hundert Tulpenarten ! ? .
3. Karlchen, riech mal, wie schön die Hyazinthe duftet ! ? .
4. Wachsen Tulpen aus einer Zwiebel ! ? .
5. Oskar, gieß die Blumen ! ? .
6. Tina pflückt einen schönen Blumenstrauß ! ? .
7. Schenkt Karlchen Tina ein Vergissmeinnicht ! ? .
8. Ottilie, bitte schneide nicht alle Schneeglöckchen ab ! ? .

Ordne die Wörter nach dem ABC. Schreibe sie in der richtigen Reihenfolge auf.

Schneeglöckchen	pflanzen
Hyazinthe	wachsen
Schlüsselblume	duften
Stiefmütterchen	blühen
Vergissmeinnicht	welken

1.	1.
2.	2.
3.	3.
4.	4.
5.	5.

Schüttelsätze

Karlchen hat beim Schreiben des Textes über die Frühlingsblumen die Wörter durcheinander gebracht. Er will den Text erst mit Zahlen ordnen, bevor er ihn für die Kinder an die Tafel schreibt.
Hilf ihm dabei, den Text zu verbessern.

3 5 2 4 1
strahlt Himmel Sonne vom Die.

und Bienen fliegen Hummeln umher.

blühen Garten die Im Frühlingsblumen.

Narzissen, und Tulpen leuchten Hyazinthen, bunten Krokusse, in Farben.

die liebsten am roten mag Tulpen Karlchen.

pflückt Hyazinthen lieber Tina.

Frühlingsblumen

Schau nur, welche wunderschönen Frühlingsblumen in Karlchens Schulgarten wachsen!
Kennst du sie wirklich alle, oder bist du manchmal noch unsicher?
Lies die Steckbriefe und finde heraus, um welche Blume es sich handelt. Schneide das Blumenkärtchen unten auf der Seite aus und klebe es in das passende Kästchen. Male die Blumen in den richtigen Farben an.

Es gibt über hundert Tulpenarten. Im Frühling blühen sie in vielen vielen Farben um die Wette.

Krokusse gehören zu den kleinen und zarten Frühlingsboten. Häufig wachsen sie in großen Gruppen. Und immer wieder sprießen ihre gelben, weißen und violetten Blutenköpfe vorwitzig aus den Rasenflächen.

Die Narzisse wird häufig auch Osterglocke genannt. Ihre gelben und weißen glockenartigen Blüten läuten nämlich die Osterzeit ein.

Das Schneeglöckchen gehört zu den ersten Frühlingsboten. Es streckt seinen zarten weißen Blütenkelch schon der Sonne entgegen, wenn Wege und Wiesen noch schneebedeckt sind.

Die Hyazinthe hat viele kleine Blüten, aus denen es herrlich duftet. Die Hyazinthe blüht in Rosa, Weiß, Lila und Blau.

Die Schlüsselblume hat viele kleine Blüten. Sie sehen wie viele kleine Schlüsselchen aus und blühen in verschiedenen Gelbtönen.

Pflanzenteile

Kennst du dich mit Frühlingsblumen und ihren Pflanzenteilen aus?
Trage ihre Namen unter der richtigen Nummer ins Kreuzworträtsel ein.
Ü = Ü, Ö = Ö

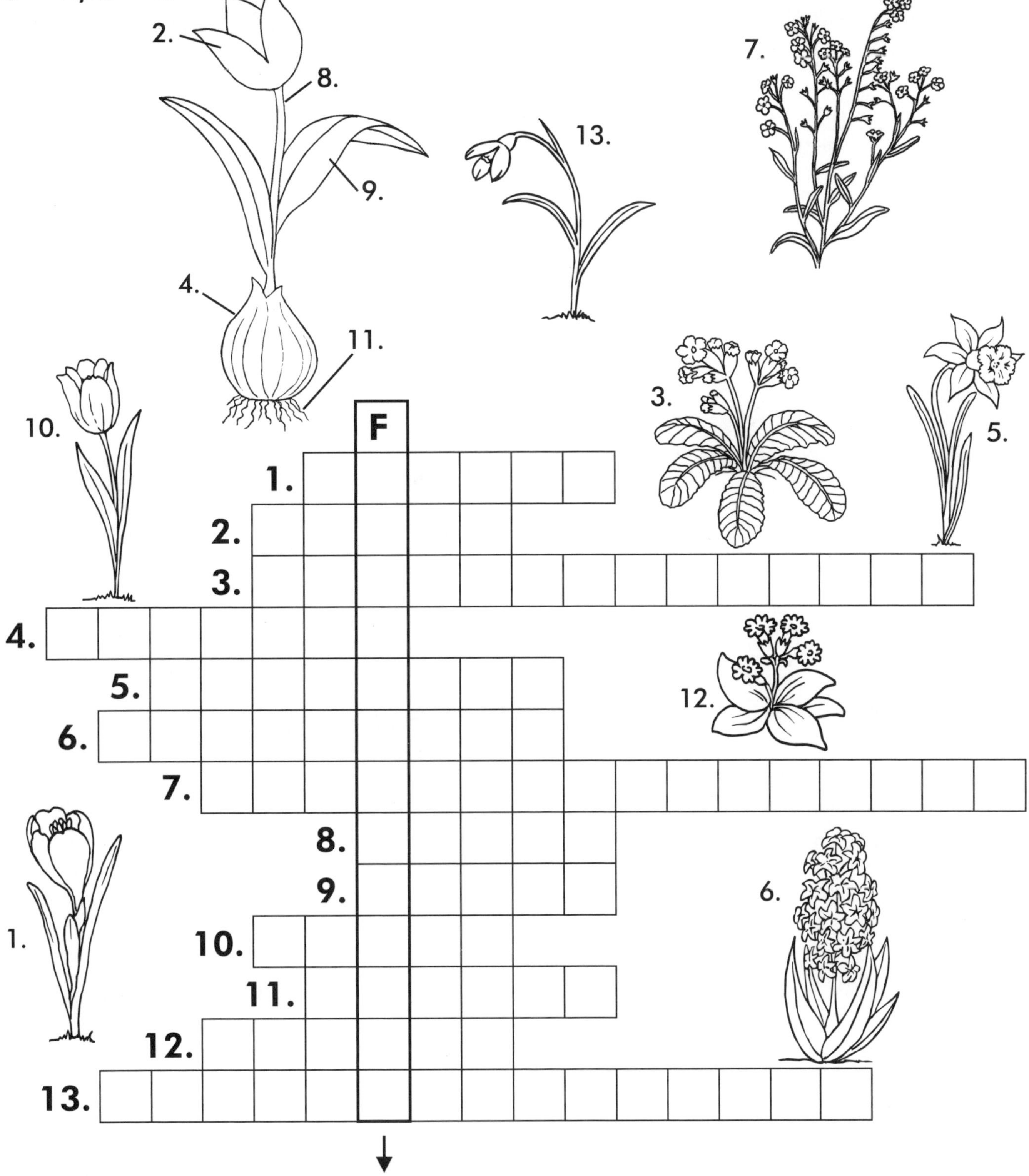

Die Tulpe ist
Karlchens liebste ______________________________.

Einmaleins mit 7 und 8

Male alle Frühlingsblumen der 7er-Reihe lila und die der 8er-Reihe orange an.

Welche Blume musst du lila und orange anmalen? ____

· 7

3	6	7	1	8	9	2	4	10	5

· 8

4	7	8	2	9	10	3	5	1	6

Löse die Aufgabe und finde die passende Tauschaufgabe.

3 · 7 = ☐☐
7 · 3 = ☐☐

4 · 8 = ☐☐
☐ · ☐ = ☐☐

6 · 7 = ☐☐
☐ · ☐ = ☐☐

9 · 8 = ☐☐
☐ · ☐ = ☐☐

8 · 7 = ☐☐
☐ · ☐ = ☐☐

5 · 7 = ☐☐
☐ · ☐ = ☐☐

7 · ☐ = 42
8 · ☐ = 64
4 · ☐ = 28
5 · ☐ = 35

2 · ☐ = 14
7 · ☐ = 21
10 · ☐ = 70
3 · ☐ = 24

4 · ☐ = 32
8 · ☐ = 48
9 · ☐ = 72
7 · ☐ = 49

Einmaleins-ABC

In Karlchens Schulgarten blüht und duftet es schon im Frühling wunderbar.
Löse die Aufgaben und trage unter jeder Zahl den passenden Buchstaben ein.

2 • 6 = _____ = A
6 • 4 = _____ = B
9 • 5 = _____ = C
3 • 7 = _____ = D
5 • 2 = _____ = E
8 • 8 = _____ = F
4 • 4 = _____ = G
7 • 9 = _____ = H
9 • 3 = _____ = I

7 • 7 = _____ = J
4 • 5 = _____ = K
3 • 3 = _____ = L
9 • 2 = _____ = M
5 • 7 = _____ = N
1 • 1 = _____ = O
6 • 8 = _____ = P
2 • 7 = _____ = Q
10 • 6 = _____ = R

5 • 5 = _____ = S
9 • 9 = _____ = T
7 • 4= _____ = U
8 • 9 = _____ = V
6 • 9 = _____ = W
7 • 8 = _____ = X
2 • 8 = _____ = Y
6 • 6 = _____ = Z

Welche Frühlingsblumen wachsen in Karlchens Schulgarten?

35	12	60	36	27	25	25	10	35

81	28	9	48	10	35

20	60	1	20	28	25	25	10

48	60	27	18	10	9	35

25	45	63	35	10	10	16	9	1	45	20	45	63	10	35
								¨						

Frühlingsrallye

Alle Schüler der Käferschule treffen sich am Frühlingsanfang zur großen Frühlingsrallye. Viele verschiedene Aufgaben sind zu lösen. Oskar und Ottilie nehmen auch teil. Werden sie es schaffen?

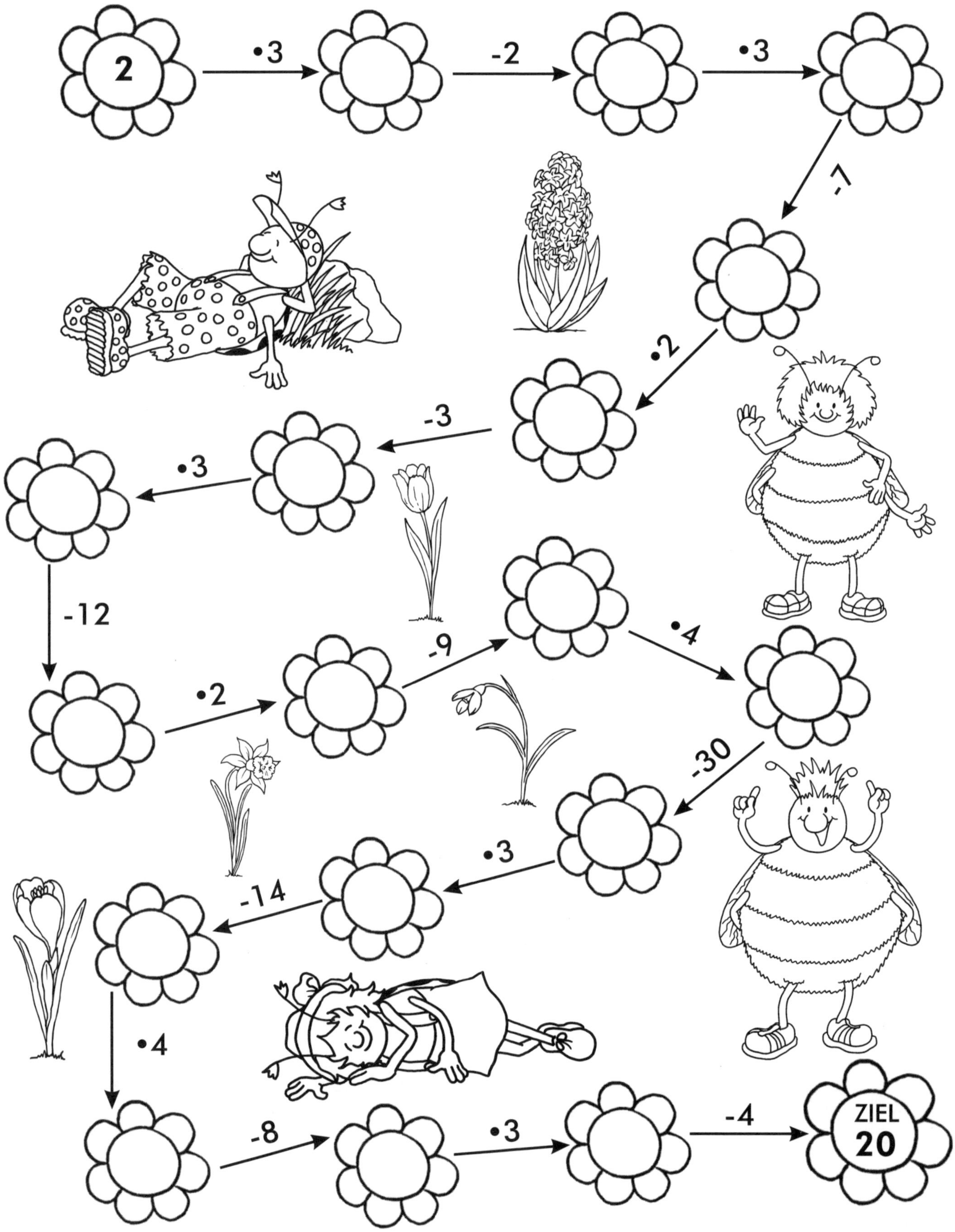

Male das Mandala bunt an.

Schwimmen und Sinken

Viele Sachen schwimmen auf dem Wasser, aber einiges geht auch unter.
Finde heraus, was schwimmt und was sinkt.
Zu Beginn jeder Zeile ist ein Gegenstand abgebildet, der auf dem Wasser schwimmt. Male die Buchstaben dieses Wortes in den folgenden Buchstabenkreisen grün an. Die restlichen Buchstaben ergeben einen Gegenstand, der nicht schwimmt. Male diese Buchstabenkreise rot an und schreibe das Wort in die Linien.

 B S a e l i f l e

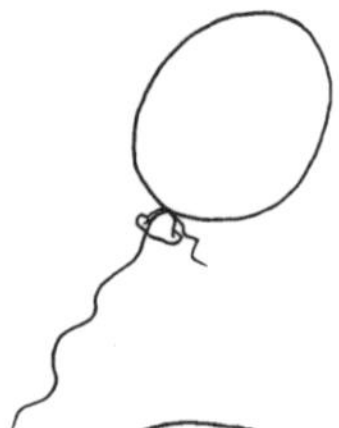 B S a t l e l o n i n

 B S c l a h w t a t m m

 N A a g s e t l

 R i K n o r g k e n

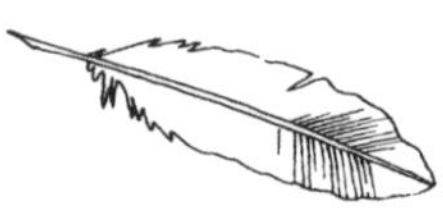 C F e e d e e n w d r t

 B M e u c h e r m r e l

 A S p a f n e d l

 A n B s o o p i t o z e r

Verben (Tuwörter)

Schau dir die Schüttelwörter genau an.

Schreibe die Wörter auf. Bilde zu jedem Verb die 3. Person (er/sie/es).
Beispielsweise: sinken – es sinkt

_______________ – _______________

_______________ – _______________

_______________ – _______________

_______________ – _______________

_______________ – _______________

_______________ – _______________

Setze die Verben (Tuwörter) passend ein.

1. Das Floß _______________ ohne Besatzung auf dem Meer.

2. Karlchen _______________ mit der Luftmatratze auf dem Wasser.

Schwimmen und Sinken

Versuche zu erraten, welche dieser Dinge schwimmen. Hast du richtig geraten? Dann hole dir eine Schüssel mit Wasser und probiere aus, welche Dinge schwimmen.

Dinge / Sachen		**Vermutung**		**Versuch**	
		schwimmt	sinkt	schwimmt	sinkt
Cent		☐	☐	☐	☐
Wäscheklammer (Holz)	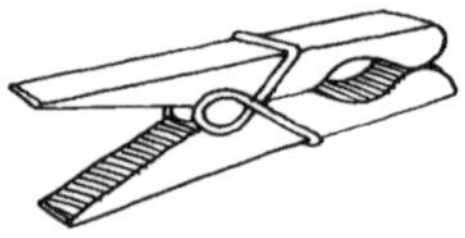	☐	☐	☐	☐
Bleistift		☐	☐	☐	☐
Muschel	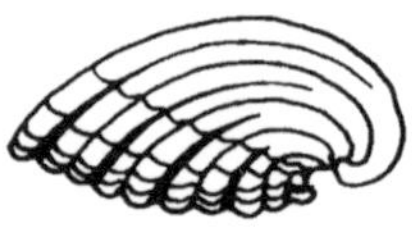	☐	☐	☐	☐
Stein		☐	☐	☐	☐
Blatt		☐	☐	☐	☐
Korken		☐	☐	☐	☐
Lineal	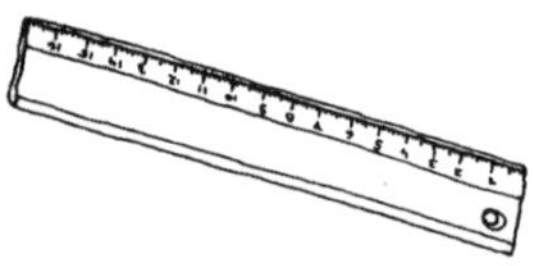	☐	☐	☐	☐
Büroklammer		☐	☐	☐	☐
Radiergummi	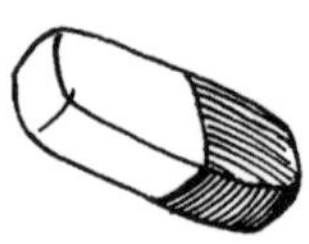	☐	☐	☐	☐
Schraube		☐	☐	☐	☐

Versuche

Du brauchst eine Stange Knete und ein Glasgefäß mit Wasser.
Forme die Knete zu einer Kugel und gib sie ins Wasser.
Beobachte, was geschieht.

Schreibe auf, was du beobachtest.

Knete aus deiner Kugel unterschiedliche Formen und Figuren. Prüfe, ob sie schwimmen oder sinken.

Falte jetzt aus Papier verschiedene Schiffchen. Lass sie auf dem Wasser schwimmen und belade sie mit kleinen Gegenständen. Wie viel Ladung kann jedes Schiffchen an Bord nehmen?
Trage die Ergebnisse in die Tabelle ein.

	Menge	Ladung
Schiffchen 1		**Legosteine**
Schiffchen 2		
Schiffchen 3		
Schiffchen 4		
Schiffchen 5		
Schiffchen 6		

Aufgaben mit Zehnerübergang

Rechne!

25 + 10 = ☐	17 + 80 = ☐	99 – 70 = ☐	66 – 30 = ☐
48 + 20 = ☐	29 + 70 = ☐	45 – 30 = ☐	81 – 60 = ☐
51 + 30 = ☐	22 + 60 = ☐	67 – 10 = ☐	44 – 40 = ☐
63 + 20 = ☐	5 + 90 = ☐	74 – 30 = ☐	56 – 20 = ☐
39 + 40 = ☐	36 + 40 = ☐	99 – 90 = ☐	78 – 30 = ☐
44 + 50 = ☐	21 + 60 = ☐	87 – 50 = ☐	42 – 10 = ☐

Rechne schrittweise!
Addiere immer erst die Zehner und dann die Einer.

36 +35 → ☐☐; +30 → 66; +5

47 +27 → ☐☐; +20 → 67; +7

25 +48 → ☐☐; + ☐☐ → ☐☐; + ☐

68 +23 → ☐☐; + ☐☐ → ☐☐; + ☐

56 +29 → ☐☐; + ☐☐ → ☐☐; + ☐

69 +22 → ☐☐; + ☐☐ → ☐☐; + ☐

78 +13 → ☐☐; + ☐☐ → ☐☐; + ☐

89 +11 → ☐☐☐; + ☐☐ → ☐☐; + ☐

Minusaufgaben mit Zehnerübergang

Rechne schrittweise!
Subtrahiere immer erst die Zehner und dann die Einer.

54 – 28 → ☐☐
54 – 20 → 34, 34 – 8 → ☐☐

85 – 47 → ☐☐
85 – ☐☐ → ☐☐, – ☐ → ☐☐

77 – 59 → ☐☐
77 – ☐☐ → ☐☐, – ☐ → ☐☐

45 – 16 → ☐☐
45 – ☐☐ → ☐☐, – ☐ → ☐☐

92 – 64 → ☐☐
92 – ☐☐ → ☐☐, – ☐ → ☐☐

76 – 38 → ☐☐
76 – ☐☐ → ☐☐, – ☐ → ☐☐

63 – 55 → ☐☐
63 – ☐☐ → ☐☐, – ☐ → ☐☐

Rechne in zwei Schritten! Schreibe alle Aufgaben in die Kästchen!

45 – 26 = ☐☐	57 – 39 = ☐☐	32 – 15 = ☐☐
45 – 20 = 25	☐☐ – ☐☐ = ☐☐	☐☐ – ☐☐ = ☐☐
25 – 6 = ☐☐	☐☐ – ☐☐ = ☐☐	☐☐ – ☐☐ = ☐☐
57 – 48 = ☐☐	44 – 27 = ☐☐	61 – 43 = ☐☐
☐☐ – ☐☐ = ☐☐	☐☐ – ☐☐ = ☐☐	☐☐ – ☐☐ = ☐☐
☐☐ – ☐☐ = ☐☐	☐☐ – ☐☐ = ☐☐	☐☐ – ☐☐ = ☐☐
82 – 64 = ☐☐	93 – 76 = ☐☐	75 – 57 = ☐☐
82 – 60 = ☐☐	☐☐ – ☐☐ = ☐☐	☐☐ – ☐☐ = ☐☐

Gemischte Aufgaben

Rechne in zwei Schritten! Schreibe alle Aufgaben in die Kästchen!

55 + 38 = ☐☐
55 + 30 = ☐☐
☐☐ + ☐8 = ☐☐

62 – 44 = ☐☐
☐☐ – ☐☐ = ☐☐
☐☐ – ☐☐ = ☐☐

29 + 62 = ☐☐
☐☐ + ☐☐ = ☐☐
☐☐ + ☐☐ = ☐☐

97 – 88 = ☐☐
☐☐ – ☐☐ = ☐☐
☐☐ – ☐☐ = ☐☐

46 + 19 = ☐☐
☐☐ + ☐☐ = ☐☐
☐☐ + ☐☐ = ☐☐

72 – 55 = ☐☐
☐☐ – ☐☐ = ☐☐
☐☐ – ☐☐ = ☐☐

Textaufgaben!

Die Fähre liegt im Hafen. 67 Autos und 25 Wohnmobile werden verladen.

Frage: Wie viele Fahrzeuge werden verladen?

Rechnung:

Antwort:

Das Containerschiff ist mit 83 Containern aus dem Hafen ausgelaufen. Bei einem schweren Sturm verliert es 17 Container.

Frage: Wie viele Container hat das Schiff noch an Bord?

Rechnung:

Antwort:

Für das Fest am Froschweiher hat Karlchen 34 Fackeln gekauft, Tina bringt auch noch 28 Fackeln mit.

Frage: Wie viele Fackeln leuchten am Froschweiher?

Rechnung:

Antwort:

Bei der großen Papierschiffchenregatta gehen 82 Schiffchen an den Start. Leider kentern 27 Schiffchen.

Frage: Wie viele erreichen die Ziellinie?

Rechnung:

Antwort:

Gemischte Aufgaben

Rechne!

72	
58	
	25
44	
	63
37	

66 – 48 = ___

47 + 25 = ___

31 – 18 = ___

25 + 37 = ___

81 – 47 = ___

37 + 54 = ___

54	
35	
	16
26	
	37
41	

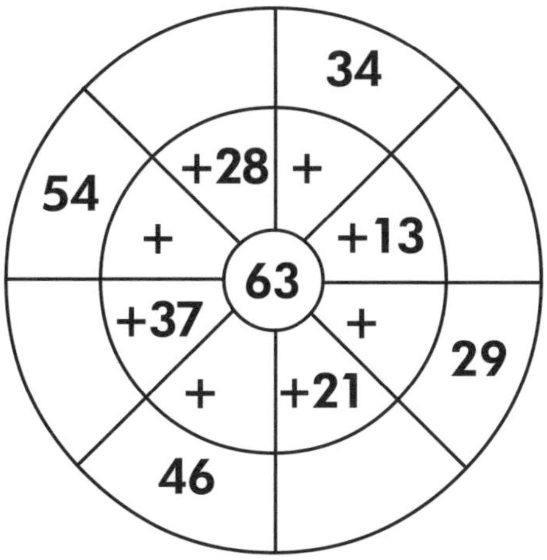

+	26	19
45		
68		
73		

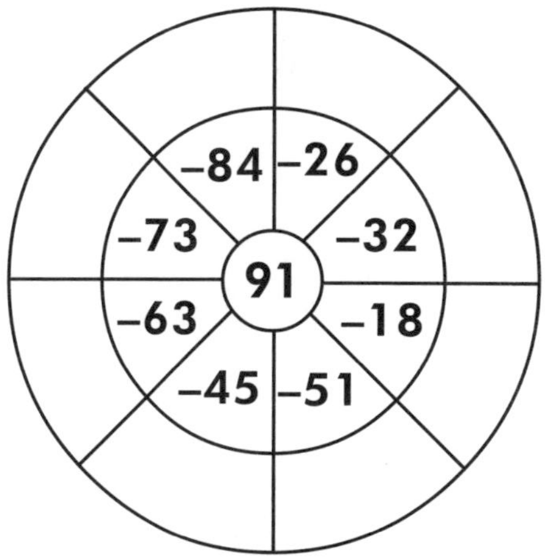

Löse die Aufgaben und verbinde die Punkte in der Reihenfolge der Ergebnisse.

1.) 45 + 16 = ___

2.) 33 – 17 = ___

3.) 38 + 25 = ___

4.) 45 – 27 = ___

5.) 59 + 27 = ___

6.) 51 – 22 = ___

7.) 38 + 39 = ___

8.) [illegible]

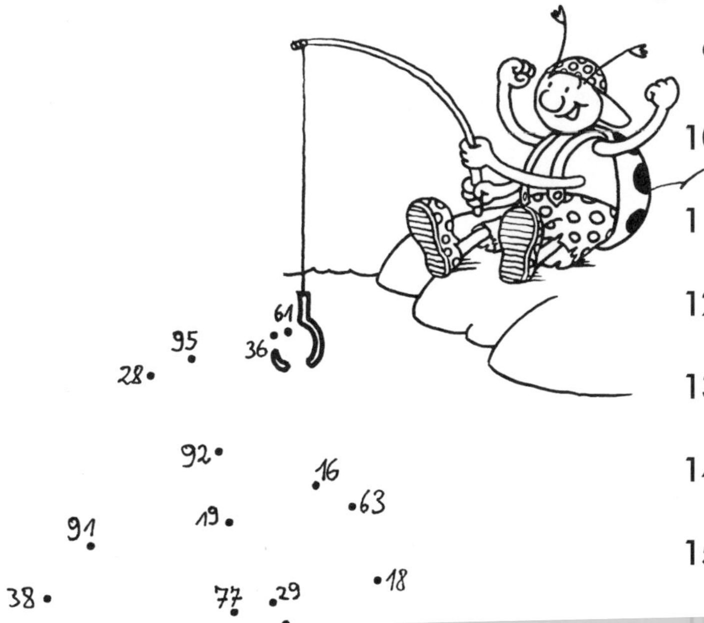

9.) 63 + 19 = ___

10.) 65 – 27 = ___

11.) 77 + 14 = ___

12.) 36 – 17 = ___

13.) 49 + 43 = ___

14.) 57 – 29 = ___

15.) 74 + 21 = ___

Punkt-zu-Punkt-Bild

Verbinde die Punkte von 1 bis 100 in der richtigen Reihenfolge, dann siehst du, was Karlchen passiert ist.

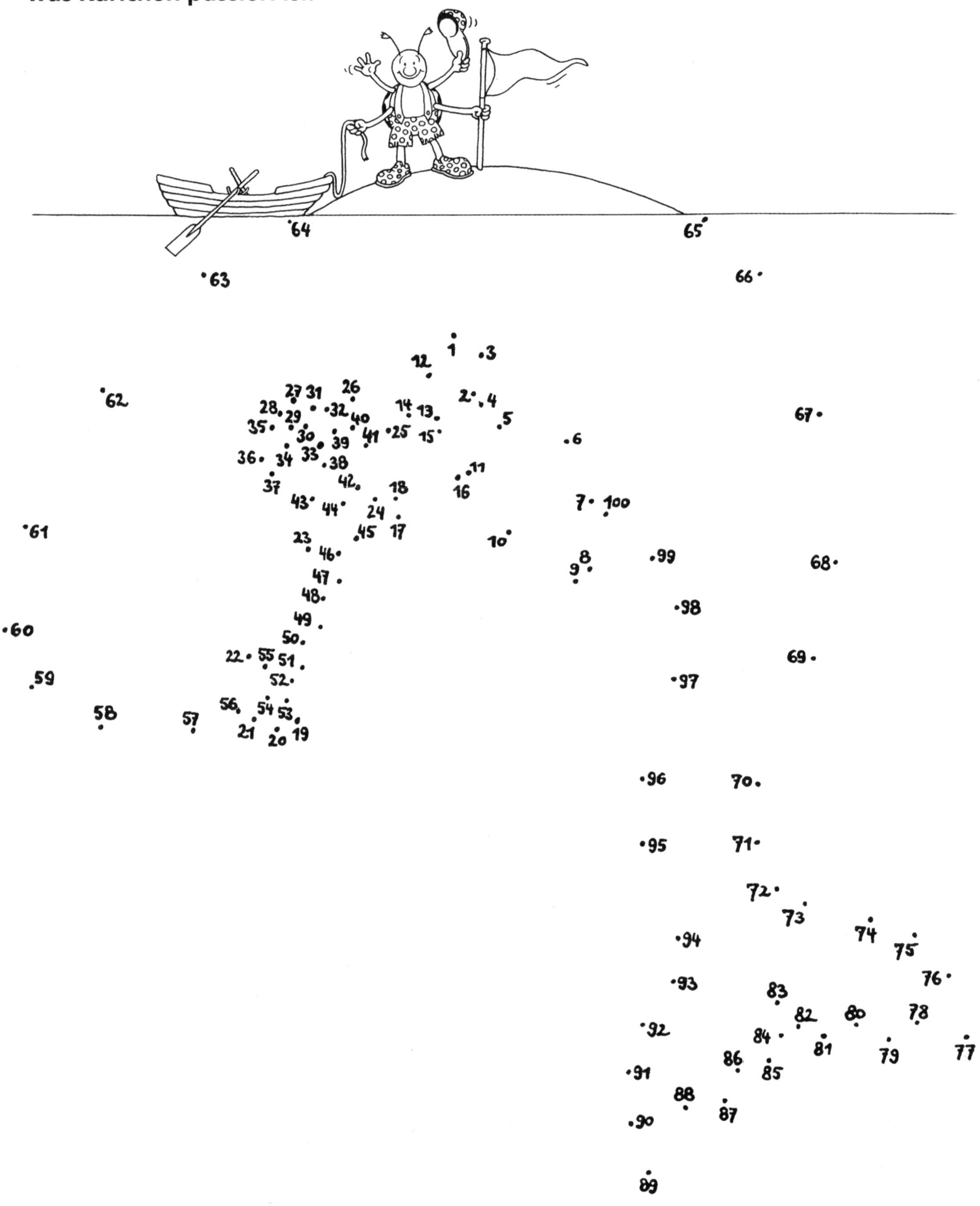

Rätsel

Es gibt viele Dinge, die auf dem Wasser schwimmen.
Im Suchsel sind 13 Wörter versteckt. Finde sie und male sie bunt an.

FRACHTER – CONTAINERSCHIFF – SEGELSCHIFF – MOTORBOOT – RUDERBOOT – KANU – PADDELBOOT – SEGELBOOT – FLOSS – BOJE – LUFTMATRATZE – KAJAK – DAMPFSCHIFF

M	U	B	B	S	K	I	H	N	W	S	U	E	D	S	Z
O	C	O	N	T	A	I	N	E	R	S	C	H	I	F	F
T	E	J	A	K	N	N	W	T	L	E	E	S	O	K	X
O	X	E	R	K	U	H	R	I	L	G	X	E	T	D	D
R	I	L	Q	E	L	B	T	O	J	E	I	G	E	A	G
B	E	T	T	A	S	W	T	G	N	L	E	E	W	M	S
O	E	F	R	F	E	E	E	S	N	B	E	L	L	P	E
O	G	G	L	H	H	E	O	F	L	O	S	S	R	F	H
T	I	L	I	S	L	B	Y	R	R	O	S	C	G	S	G
U	F	S	M	E	N	K	Z	A	Y	T	F	H	F	C	N
E	L	R	K	A	J	A	K	C	T	P	A	I	Y	H	Q
U	K	S	M	N	N	K	T	H	Y	D	F	F	Z	I	N
L	L	H	R	F	R	B	L	T	U	M	R	F	U	F	R
O	A	K	G	P	A	D	D	E	L	B	O	O	T	F	U
Q	I	G	Q	R	U	D	E	R	B	O	O	T	E	A	H
B	L	U	F	T	M	A	T	R	A	T	Z	E	[illegible]	[illegible]	[illegible]

Das Meerschweinchen

Schau dir die Wörter genau an.
Male alle Namenwörter blau, alle Tuwörter rot und alle Wiewörter grün an.

Ordne die Wörter in die Tabelle ein.
Schreibe die Namenwörter mit ihrem Begleiter auf.

	Namenwörter	Tuwörter	Wiewörter
1.			
2.			
3.			
4.			
5.			
6.			

Tuwörter

Karlchen beobachtet ein Meerschweinchen und staunt:
„Was ein Meerschweinchen alles kann!"
Im Suchsel sind 10 Verben versteckt. Finde sie und kreise sie mit Buntstift ein.

S	C	H	L	A	F	E	N	P	G
B	K	R	A	E	F	U	D	G	Ä
F	N	Q	U	K	S	N	W	T	H
E	A	U	F	R	E	S	S	E	N
T	B	I	E	E	L	P	T	O	E
R	B	E	N	A	S	R	T	G	N
I	E	K	P	F	E	I	F	E	N
N	R	E	L	H	H	N	O	T	D
K	N	N	I	S	L	G	Y	M	R
E	K	L	E	T	T	E	R	N	Y
N	L	R	U	U	Q	N	U	G	F

Bilde zu jedem Verb die 3. Person Einzahl.
Schreibe die Wortpaare auf: schlafen – es schläft

Wiewörter

Schau dir die Meerschweinchen-Schüttelwörter genau an.

Schreibe die Wörter auf.

Setze die Wiewörter richtig ein.

Das Meerschweinchen ist nicht dünn, sondern ____.

Das Meerschweinchen ist nicht alt, sondern ____.

Das Meerschweinchen ist nicht groß, sondern ____.

Das Meerschweinchen ist nicht einfarbig, sondern ____.

Das Meerschweinchen ist nicht schwer, sondern ____.

Das Meerschweinchen ist nicht dreckig, sondern ____.

Das Meerschweinchen ist nicht leise, sondern ____.

Das Meerschweinchen ist nicht langsam, sondern ____.

Groß- und Kleinschreibung

Lies den Text genau und schreibe ihn richtig auf. Beachte die Satzanfänge. Nach einem Punkt wird groß geschrieben. Namenwörter (Nomen) musst du auch groß schreiben.

KARLCHEN BINDET DEM MEERSCHWEINCHEN EINE SCHLEIFE UM DEN HALS.
AN DER SCHLEIFE HÄNGT EIN ZETTEL.
DARAUF STEHT: ICH BIN ANTON, EIN ROSETTENMEERSCHWEINCHEN.
ANTON IST KARLCHENS GEBURTSTAGSGESCHENK FÜR TINA.
ANTON HAT BUNTES UND STRUPPIGES FELL.
ER QUIEKT VOR VERGNÜGEN, ALS ER TINA SIEHT.
ANTON FÜHLT SICH WOHL.
IN SEINEM KÄFIG DURCHWÜHLT ER MIT SEINER SCHNAUZE DAS STROH.
ER KNABBERT DAS FUTTER UND TRINKT WASSER.

Meerschweinchenrassen

Es gibt drei Meerschweinchenrassen! Auf dem Weg zur Futterstelle haben die Meerschweinchen im Labyrinth einige Buchstaben verloren.
Sammle alle Buchstaben ein, dann kannst du erkennen, zu welcher Rasse dieses Meerschweinchen gehört.

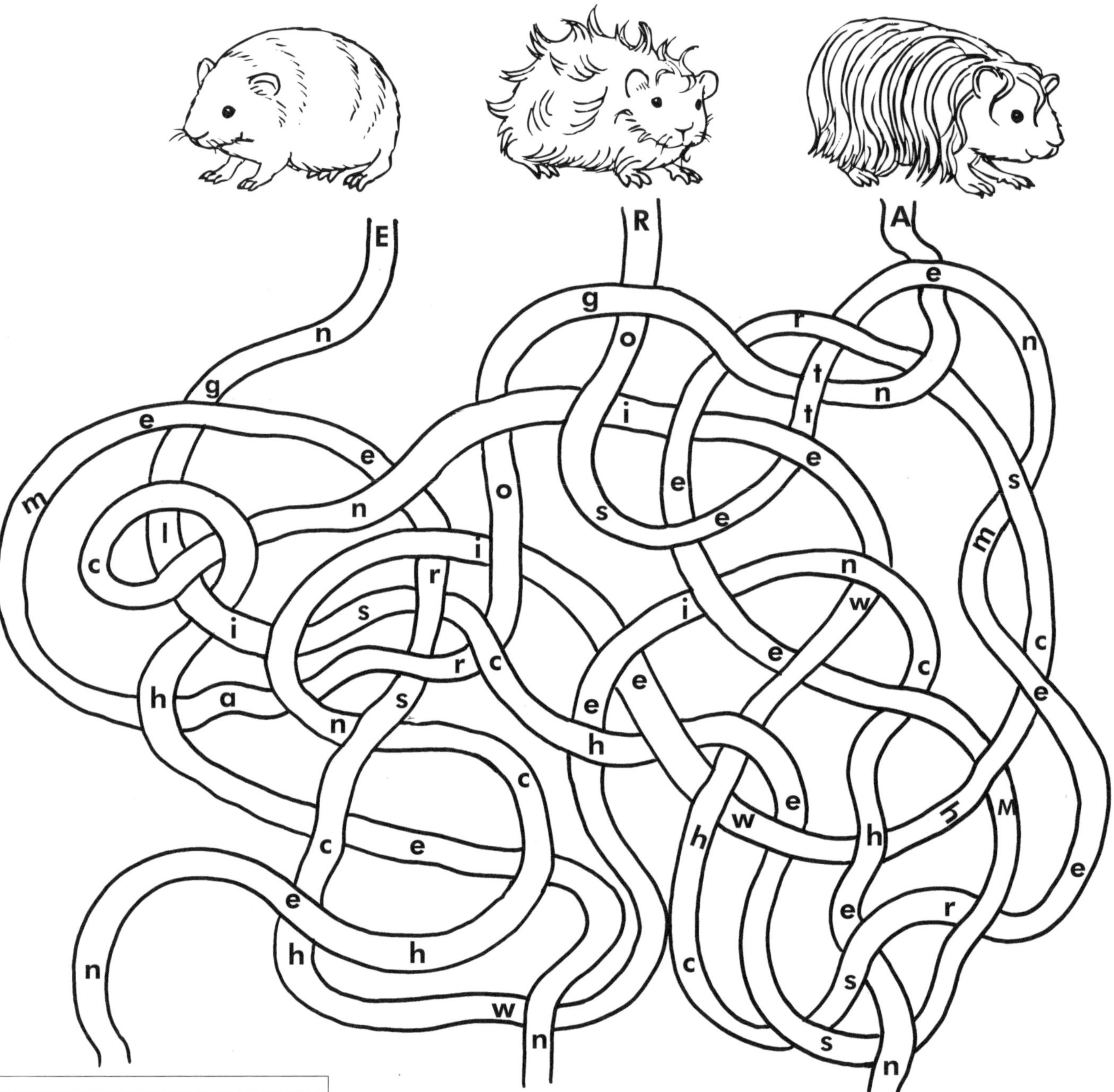

Die Nahrung des Meerschweinchens

Überlege genau, was das Meerschweinchen frisst.
Male die passenden Wortfelder braun an.

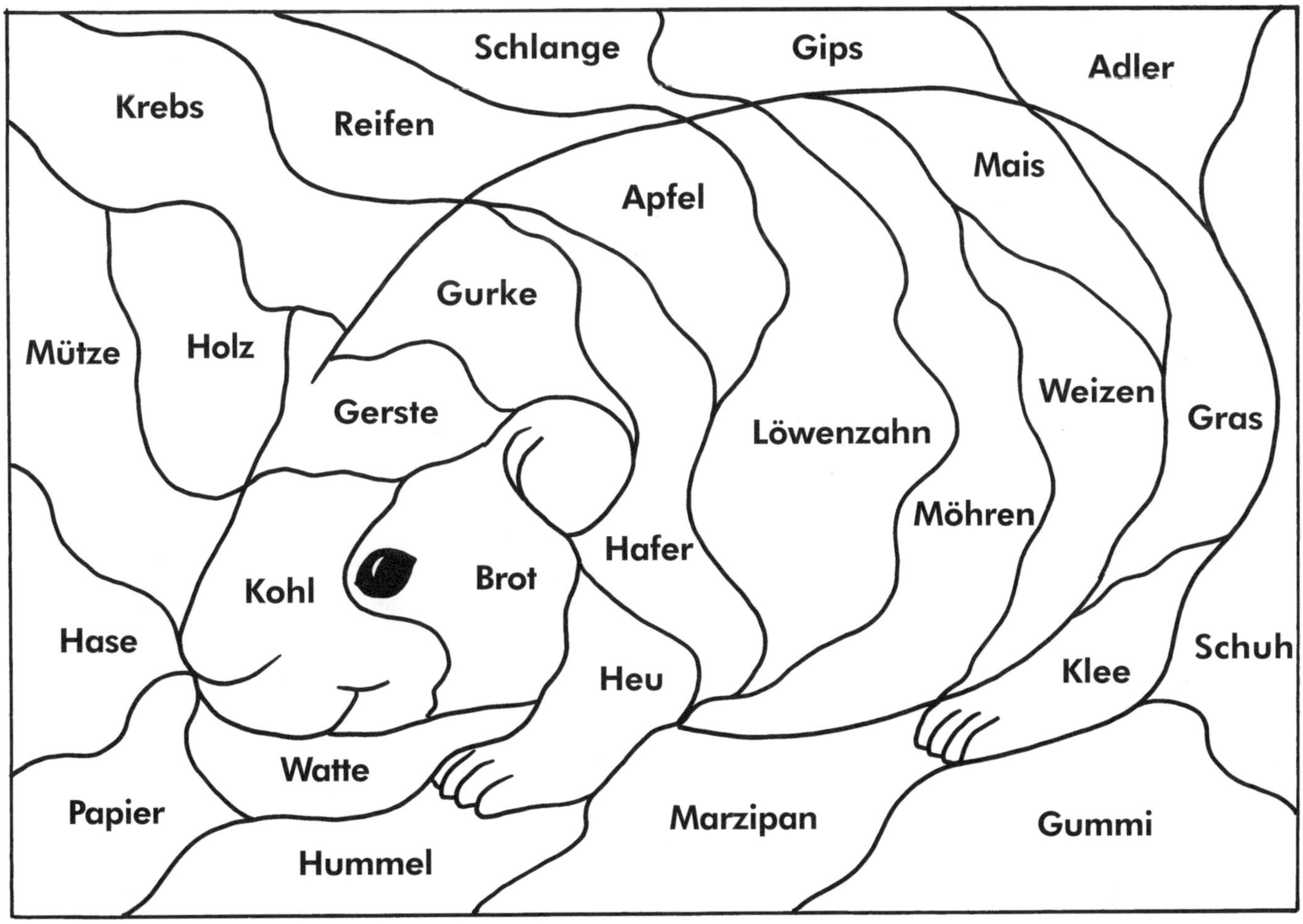

Suche dir 6 Sachen aus und schreibe:
Das Meerschweinchen frisst Klee.

Aufteilen

Teile die Sachen auf und schreibe die passende Rechnung auf.

Karlchens Meerschweinchen haben Junge bekommen.
Jetzt hat er 12 kleine Meerschweinchen. 3 Meerschweinchen leben in einem Käfig.
Karlchen überlegt: „Wie viele Käfige brauche ich jetzt?"

Karlchen braucht ☐ Meerschweinchenkäfige.

12 : 3 = ☐

18 : 3 = ☐

20 : 4 = ☐

10 : 2 = ☐

24 : 6 = ☐

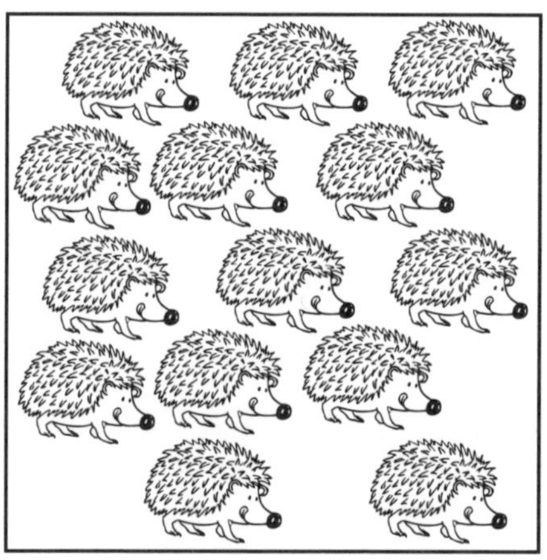

14 : 2 = ☐

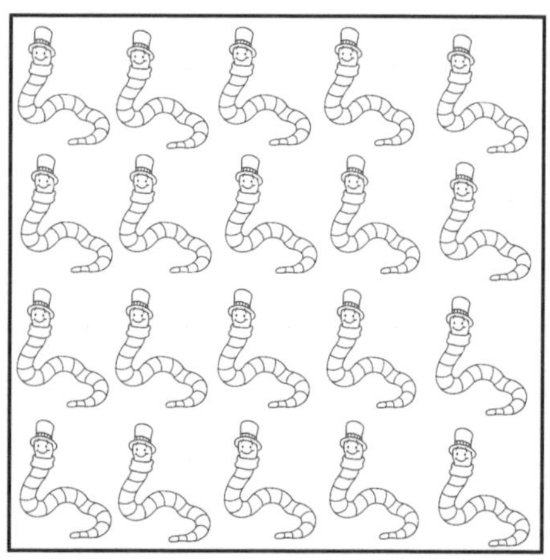

20 : 5 = ☐

Verteilen

Karlchen hat im Garten 15 Karotten geerntet.
Er verteilt die Karotten an die Meerschweinchen.
Wie viele Karotten bekommt jedes Meerschweinchen?
Male die Karotten für jedes Meerschweinchen in die Felder.

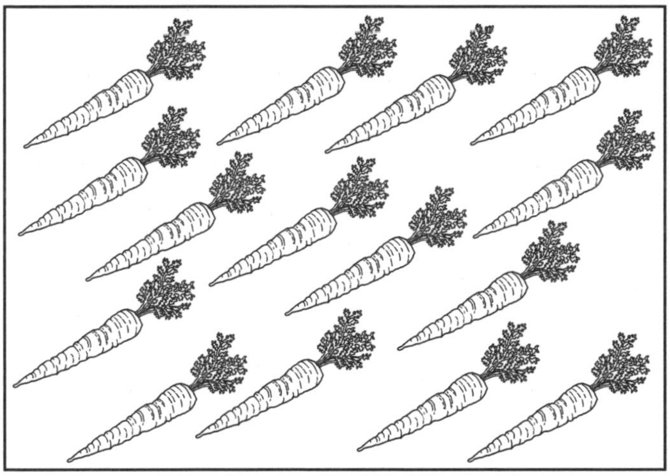

15 : 3 = ☐

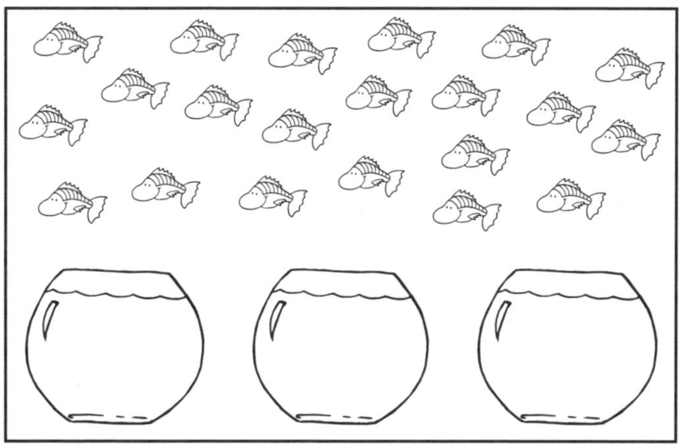

16 : 4 = ☐

☐☐ : ☐ = ☐

Teile durch 2 und 4.

4 : 2 = ☐	6 : 2 = ☐	12 : 4 = ☐	24 : 4 = ☐
10 : 2 = ☐	14 : 2 = ☐	4 : 4 = ☐	32 : 4 = ☐
20 : 2 = ☐	2 : 2 = ☐	20 : 4 = ☐	40 : 4 = ☐
8 : 2 = ☐	18 : 2 = ☐	16 : 4 = ☐	28 : 4 = ☐
12 : 2 = ☐	16 : 2 = ☐	8 : 4 = ☐	36 : 4 = ☐

Meerschweinchen-Mandala

Male das Bild an.

Meerschweinchenpuzzle!

Trenne den unteren Teil der Seite mit den Bilderkästchen ab. Schneide die einzelnen Bildkärtchen vorsichtig aus. Löse die Aufgaben in den oberen Kästchen und lege die richtigen Ergebniskarten auf die passenden Felder der oberen Seitenhälfte. Male das fertige Bild bunt an.

15 : 5	35 : 5	40 : 5
30 : 5	50 : 5	25 : 5
10 : 5	45 : 5	20 : 5